A Viagem ao Sucesso

Editora Gente

Pedro Cardoso

A Viagem ao Sucesso

Lições do vendedor que ficou milionário

Editora Gente

Editora
Rosely M. Boschini

Assistente editorial
Rosângela Barbosa

Capa, projeto gráfico
Daniel Rampazzo/Casa de Idéias

Diagramação
Bráulio Nogueira/Casa de Idéias

Produção gráfica
Marcelo S. Almeida

Copidesque
Gilberto Cabeggi

Preparação dos originais
Flávia Schiavo

Revisão
Ana Cortazzo

Rua Pedro Soares de Almeida, 114
São Paulo, SP – CEP 05029-030
Tel.: (11) 3670-2500
Site: www.editoragente.com.br
E-mail: gente@editoragente.com.br

Dados Internacionais de Catalogação na Publicação (CIP)
(Câmara Brasileira do Livro, SP, Brasil)

Cardoso, Pedro
A viagem ao sucesso: Lições do vendedor que ficou milionário / Pedro Cardoso. — São Paulo : Editora Gente, 2007.

ISBN 978-85-7312-555-9

1. Cardoso, Pedro 2. Decisões 3. Determinação (Traço de personalidade) 4. Executivos - Atitudes 5. Oportunidade 6. Planejamento Empresarial 7. Soluções de problemas 8. Sucesso 9. Sucesso em vendas I. Título

07-3789 CDD-158.7

Índices para catálogo sistemático:
1. Sucesso em negócios: Psicologia do trabalho 158.7

Dedicatória

Dedico este livro à minha esposa Juliane e aos meus filhos Maria Clara e Pedro Filho. Eles são a razão da minha vida e a minha motivação.

Agradecimentos

Agradeço a Mark Hughes, Jim Rohn e Alan Lorzne por serem meus mentores.
Sou grato aos meus companheiros de trabalho por serem exemplos de garra e determinação.
Um obrigado especial ao meu amigo Roberto Shinyashiki e a todos da Editora Gente pela dedicação e pelo apoio durante a elaboração deste livro.
Sou especialmente grato a você, leitor, por sua fé na realização de seus sonhos e por permitir-me participar de sua jornada pessoal em busca do sucesso.

Sumário

Apresentação

Sucesso é quando realizar o futuro se torna um objetivo de vida! Decadência é quando o passado se torna mais importante que o futuro.

Todo campeão sabe que a decadência acontece quando, na vida de uma pessoa, o passado se torna mais importante que o futuro. Todo aquele que fica apenas lembrando do passado, e permanece preso a ele, está morrendo e ainda não percebeu.

Fracasso é quando o medo domina o presente. Isso é próprio de pessoas que desistem dos seus sonhos quando aparecem os primeiros problemas. Não descobriram ainda que ter problemas é inevitável mas que ser derrotado por eles é opcional.

A viagem ao sucesso é uma contínua realização de sonhos.

Pessoas de sucesso não trabalham simplesmente para ganhar dinheiro. Por isso, muitos bilionários continuam a trabalhar como jovens guerreiros à procura de uma oportunidade na vida.

Muitas pessoas não entendem porque um bilionário continua acordando de madrugada, para ir trabalhar logo nas primeiras horas da manhã, e continua trabalhando até tarde da noite. É que ele sabe que o sucesso é um estilo de vida.

O sucesso é uma viagem em que é preciso ter dedicação, conhecimento, persistência e curiosidade para realizar-se de uma forma competente.

Infelizmente, poucas pessoas aprendem a fazer essa viagem da maneira correta. Muitos têm garra, mas não têm conhecimento; outros têm conhecimento, mas não têm garra; alguns ainda se empenham por um tempo, mas não têm a persistência necessária; outros têm dedicação, mas não têm curiosidade de aprender o novo; outros são curiosos, mas não o suficiente para dedicar-se à realização daquilo com que sonham.

Como já disse em meu livro *Os segredos dos campeões*, passei a vida estudando os vencedores e descobri que eles são alimentados por sonhos, mas os realizam com competência e dedicação.

Nesses trinta anos ajudando campeões a se realizarem, vi muitas pessoas com muito talento sentadas à beira do caminho, enquanto outras pessoas menos talentosas, mas com muita garra e estratégia, arrebentaram a boca do balão.

O que vai definir o seu sucesso não vai ser o tamanho da sua inteligência, nem a qualidade do seu currículo, ou a força do seu carisma. Mas, sim, como você vai conseguir transformar os seus sonhos em resultados.

Para os campeões, o passado nunca importa. Eles estão sempre comprometidos com as novas vitórias, com a concretização de um futuro ainda mais próspero. Para eles, essa viagem não termina nunca. O sucesso é uma viagem sem fim.

Pedro Cardoso conhece como poucos o caminho do sucesso, por tudo o que já conquistou em sua vida. E, como um verdadeiro campeão, não se acomodou. Continua trabalhando 24 horas por dia, sete dias por semana, 365 dias por ano, porque sabe que ainda há muito a realizar. Mas, também como um verdadeiro campeão, hoje ele faz isso não porque precise, mas porque gosta de ajudar outras pessoas a realizarem seus próprios sonhos.

Seu sucesso sempre foi baseado em ajudar as pessoas a conquistar seus objetivos. Eu diria que em seu cartão de visitas deveria estar escrito algo como *"Assistente de Realizadores de Sonhos"*. Seria bastante adequado.

Agora, cumprindo a sua missão com ainda mais determinação e generosidade, Pedro deu mais um passo próprio de campeão. Com este livro, ele vai ajudar muito mais pessoas a realizarem seus sonhos. Embarque você também nessa viagem!

Um grande abraço,

Roberto Shinyashiki
Psiquiatra, escritor e palestrante

Um brinde ao sucesso

Cada pessoa tem o potencial necessário para realizar todos os seus objetivos. É pena que a grande maioria usa a inteligência para inventar desculpas, para destruir os próprios sonhos. Se essas pessoas usassem metade do seu potencial na direção correta, teriam tudo o que merecem e a Terra seria o planeta da abundância.

ROBERTO SHINYASHIKI

No começo da minha carreira profissional, demorei muito tempo para acordar para a realidade de que eu poderia ter sucesso.

Vivia reclamando da sorte, dava desculpas para meus fracassos, vivia lamentando a falta de oportunidades.

Naquela época, trabalhava em uma multinacional americana e ganhava mais ou menos mil dólares por mês. Mas sempre tinha mais mês do que salário.

Para se ter uma idéia do que digo, eu recebia meu pagamento e minha primeira esposa recebia o dela, juntávamos os dois salários, pagávamos todas as contas de casa e com o que sobrava fazíamos as compras do mês no supermercado.

E era sempre a mesma coisa. Quando chegávamos ao caixa, tínhamos de tirar várias coisas do carrinho de compras para que o dinheiro fosse o suficiente para pagar a conta. Você sabe como é: entre o papel higiênico e o iogurte, tínhamos de optar por comprar o papel higiênico, é claro — afinal de contas, sem iogurte qualquer um pode passar!

Morávamos de aluguel em um pequeno apartamento, no centro da cidade de Lisboa, em Portugal. O banheiro era tão pequeno que um tinha de sair primeiro para o outro poder entrar. Mas era tudo o que podíamos pagar, e havia espaço suficiente apenas para nós dois. Não dava nem para pensar em filhos, a não ser que os pendurássemos em cabides dentro do guarda-roupa.

É claro que tínhamos esperanças de que as coisas iriam mudar, de que iriam ficar melhores. Mas a verdade é que elas nunca mudavam. Tudo sempre continuava igual e não conseguíamos realizar nossos sonhos.

Foi então que percebi que se continuássemos a agir daquela forma, ou seja, a viver daquela maneira, esperando que as coisas mudassem como em um passe de mágica, o tempo iria nos mostrar uma realidade não muito agradável: que aquela situação nos levaria ao total fracasso. E seria bem provável que nossa vida continuasse na mesmice de sempre, até que finalmente nos acostumássemos à pobreza e à frustração.

Então decidi que iria fazer algo para mudar essa história, não aceitando passivamente meu destino de pobreza. Resolvi virar a mesa e fazer minha vida dar certo. Queria ser rico e não iria deixar por menos.

Foi quando, pela primeira vez, decidi chamar para mim mesmo a responsabilidade sobre meu futuro e assumi comigo o compromisso de encontrar oportunidades para tornar-me rico e bem-sucedido — e prometi a mim mesmo que aproveitaria todas as oportunidades quando surgissem e que colocaria nelas toda a minha força.

E um dia a oportunidade surgiu. Um grande amigo, chamado Jose Luiz Gonçalves, um dos modelos mais famosos de Portugal, chegou para mim e disse que tinha conhecido uma senhora que possuía um Porsche preto, morava em um prédio de cinco andares ao lado do Palácio de Buckingham, na Inglaterra, e ganhava cerca de 100 mil dólares por mês.

Parecia um pouco de pretensão da minha parte, considerando minhas condições financeiras naquela época, mas o estilo de vida daquela senhora era algo que me interessava muito. E imediatamente passou por minha cabeça uma imagem bem clara: eu dirigindo uma bela Ferrari vermelha, exatamente como em meu sonho de infância.

Perguntei a Jose Luiz com que ela trabalhava e ele respondeu que não sabia ao certo, mas que parecia que ela vendia coisas. Então perguntei curioso que tipo de coisas, pois era realmente algo extraordinário alguém ganhar tanto dinheiro assim, e meu amigo disse não saber do que se tratava, mas me garantiu que não era nada fora da lei. Ainda me disse que havia deixado o número de meu telefone com ela e que alguém de sua equipe iria me ligar para conversar.

De fato, alguns dias depois, ligaram-me e perguntaram se eu queria ser rico. E como eu já havia decidido que iria ser rico, aceitei o convite que me fizeram e viajei a Londres para saber mais a respeito daquele negócio.

A princípio, não acreditei muito em tudo o que me disseram sobre minhas possibilidades de enriquecer com aquele negócio que me propuseram. Parecia muita fantasia. Mas, pelo menos, tive certeza de que era algo legal.

Lembrei-me, então, do compromisso assumido comigo mesmo: ser rico. E de que não poderia desperdiçar nenhuma oportunidade. Por isso resolvi pagar para ver e entrei no negócio.

Na minha primeira semana de trabalho, lucrei 300 dólares. Tudo bem que essa quantia não faz ninguém mudar de vida nem o deixa rico. Contudo 300 dólares a mais na última semana do mês deram uma diferença inacreditável na hora de fazer as compras de supermercado. Já pudemos comprar um bocado de iogurte sem precisar ter de abrir mão do papel higiênico.

Fiquei ainda mais animado e resolvi dedicar-me com vontade ao meu novo negócio. Trabalhei duro, vendi produtos para todo mundo que eu conhecia e que vim a conhecer, e fechei aquele primeiro mês com aproximadamente 2 mil dólares de renda.

Foi então que compreendi verdadeiramente a necessidade e a importância de acreditar naquilo que eu fazia se quisesse realmente ter sucesso. E não me desviei mais do caminho que havia traçado para a realização de meus sonhos.

Trabalhei com afinco e, no final de meu primeiro ano de negócios, realizei o primeiro dos grandes sonhos de minha vida: aos 26 anos de idade, comprei a minha primeira Ferrari.

À medida que me empenhava nos negócios, minhas conquistas foram acontecendo. Casas, apartamentos, viagens, ótimos restaurantes, hospedagens nos melhores hotéis, todos os carros dos meus sonhos, iates. Não havia limite para minhas conquistas. O que eu pude sonhar, pude conquistar.

Hoje, quinze anos depois daquela reunião em Londres, já comprei todas as coisas materiais que eu desejava um dia possuir e tenho um estilo de vida muito superior ao que a maioria das pessoas pode ao menos imaginar. Meus objetivos agora dizem respeito principalmente a ajudar muito mais gente a ir em busca dos próprios sonhos.

Todavia esta viagem ao sucesso não é algo fácil de empreender. Exige muita clareza de propósito, porque a vida sempre apresenta desafios à nossa determinação e testa nossa vontade de vencer. E, mesmo conquistando tantas vitórias em minha jornada para o sucesso, também tive de enfrentar momentos difíceis, que marcaram muito a minha vida.

É comum as pessoas terem objetivos diferentes e lutarem por causas próprias, quase sempre buscando realizações pessoais. Muitas vezes, entretanto, na busca de novos horizontes, descobrem que aqueles que estão ao lado delas podem não compartilhar os mesmos ideais que as movem. Então, nessa hora, os seus caminhos tomam rumos diferentes.

Percebi que eu e minha esposa não partilhávamos mais dos mesmos objetivos. À medida que íamos crescendo profissionalmente, íamos nos afastando na vida até que, um dia, nosso casamento terminou. Mesmo assim, tenho um relacionamento de amizade maravilhoso com ela, tanto que ela continua comigo em meus negócios.

Apesar de tudo isso, dessa situação, procurei ser forte e objetivo em relação aos meus ideais, fazendo um planejamento de vida mais organizado e focado em minhas metas, e fui, com muita garra e determinação, realizando dia após dia tudo o que eu sempre sonhei na vida.

Quando decidi que merecia a vida que sempre almejara e me dediquei a conquistar isso, descobri que o sucesso é uma viagem que não tem fim. Ele apenas assume diferentes valores ao longo da jornada, mas enquanto avançamos sempre sentimos o gosto de ainda ter mais a desvendar e a conquistar. E desfrutamos do sucesso a cada novo trecho dessa viagem.

Aprendi, e ainda aprendo, com todas as pessoas que podiam, e podem, me ensinar algo, mas sem deixar de observar pessoas talentosas que, por algum motivo, não souberam persistir em seus objetivos.

Também assisti a pessoas que praticamente não tinham talento algum, mas que, com uma enorme garra, obtiveram grandes conquistas na vida.

É por esse motivo que quero convidá-lo a transformar sua vida utilizando um novo combustível no motor de seus sonhos, em busca de suas vitórias. Mas chega de gasolina comum! Agora vamos usar uma gasolina especial, com alto poder de explosão. Vou ajudá-lo a preparar um combustível extremamente potente, feito da combinação de metas claras e objetivas, além de muito trabalho, determinação, persistência e entusiasmo.

Contudo lembre-se de que é você quem vai ter de fazer a sua viagem. E de que só você possui a chave de seu próprio sucesso.

Agora, é necessário entender um ponto crucial: para mim sucesso é ter dinheiro suficiente para poder realizar todos os meus sonhos, tendo a vida que acredito merecer. É, por exemplo, poder escolher a escola de meus filhos sem ser limitado pelo preço. Sucesso é eu poder comprar tudo o que eu quiser sem precisar me preocupar com o mais barato, o mais em conta.

Se para você ter sucesso é um pouco diferente, então faça as adaptações necessárias a tudo que é ensinado neste livro para que você também possa concretizar seus sonhos, alcançando o sucesso em sua vida.

Tenha em mente, porém, que você vai precisar trabalhar muito. Mas isso não será obstáculo para você, pois os vencedores costumam ter paixão pelo que fazem.

Saiba que você tem direito a ter um apartamento em Paris, se esse for seu sonho. Beber vinho francês quando tiver vontade também é um direito seu. Dar melhores condições de estudo a seus filhos, comer nos melhores restaurantes do mundo sem ter de se preocupar com o preço, tudo isso é completamente possível. É você quem irá determinar o estilo de vida que quer ter.

Este livro vai ajudá-lo a compreender e a aplicar todos os segredos dos maiores vencedores de todos os tempos, que posso confirmar na prática e garantir sua eficácia a você. Esses segredos poderão conduzi-lo à riqueza, à realização dos seus sonhos de consumo mais ousados.

Agora é com você! Faça com que essas idéias o ajudem a materializar seus sonhos.

Um brinde ao seu sucesso!

PEDRO CARDOSO

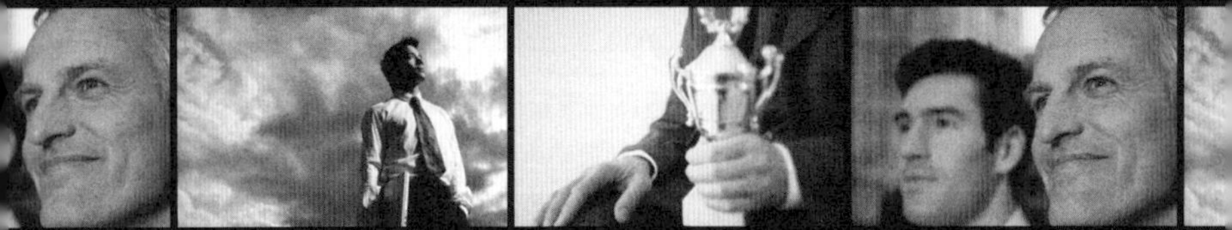

O mundo dos vencedores

A teimosia transforma as grandes barreiras em pequenos obstáculos e constrói os grandes vencedores.

ALBERTINO FERNANDES

Todos os seres humanos são grandes vencedores, mas a maioria insiste em dormir enquanto a vida passa.

O fracasso não é o caminho natural do ser humano. Nascemos para o sucesso. Somos vencedores natos. É necessário apenas que assumamos nossa natureza de campeões. Cada um de nós possui no mais profundo do ser uma força que, ao se manifestar, faz com que tenhamos acesso a toda riqueza que desejamos.

Muitas pessoas, porém, desperdiçam a vida por não saberem como realizar seus sonhos, por permanecerem em um processo apático e permitirem que o desânimo as domine.

O que acontece é que, infelizmente, as pessoas pensam que o fracasso é uma sina, um destino já programado e inalterável. Imaginam que a vida as coloca em um caminho sem saída.

Se você é um dos que pensam assim, está na hora de mudar sua maneira de olhar para si mesmo e para as maravilhosas possibilidades que existem em sua vida.

Quando você nasceu, ninguém bateu em seu bumbum e lhe disse: "Bem-vindo ao mundo das contas e do fracasso". Bateram, sim, em seu bumbum para que acordasse para a vida e lutasse para conquistar sua vitória.

Daí para a frente é você mesmo quem decide como será sua vida. Você é o responsável por tudo o que tem e por tudo o que pode vir a conseguir. A vontade de ser bem-sucedido, a persistência e a dedicação aos seus objetivos farão a diferença em sua vida, porque, para alcançar o sucesso, você terá de lidar com uma grande dificuldade: o fato de que o mundo foi transformado em um grande obstáculo para você tomar posse do seu destino, caso se deixe levar pelo conformismo, passando pela vida sem sequer perceber as incríveis possibilidades de riquezas que tem à sua disposição. O mundo é um grande palco que exige nossa participação ativa em nossa própria vida a todo instante.

Quando eu era jovem tinha muitos sonhos. Todavia acabei "adormecendo" diante das diversas situações que a vida me impunha, olhando mais para os problemas do que para as possíveis soluções. E, quando pensamos muito nos problemas, atraímos ainda mais problemas e preocupações, visualizando cada vez mais distante a possibilidade de sucesso.

Essa é a grande lei do Universo: sempre atraímos aquilo em que acreditamos, seja consciente ou inconscientemente. Nossa postura diante da vida é que define o que iremos receber do Universo.

Acabei assim me acomodando à situação, aceitando-a como inevitável, e notei que minha vida se resumia somente àquilo que eu já conhecia, pois minha mente estava completamente fechada a qualquer oportunidade.

Havia caído na armadilha que eu mesmo preparara: passara a aceitar como inevitável uma situação bem diferente daquela que meu verdadeiro potencial me permitia e almejava. Aceitei ser menos e ter menos, quando sabia que poderia ser e ter muito mais.

No entanto algo dentro de mim ainda se rebelava contra esse comodismo e me empurrava para a frente, me incentivando a continuar na batalha. Decidi, então, não colocar mais nos outros a culpa da situação em que vivia. Entendi que deveria assumir a responsabilidade por tudo que eu fazia e por seus resultados.

Aprendi que pessoas de sucesso buscam trazer para si a responsabilidade sobre seus fracassos e me inspirei nelas para continuar na luta em busca de meus objetivos.

Jamais vou esquecer o exemplo de um dos maiores campeões de Fórmula 1, Michael Schumacher. Sempre que vencia alguma prova, ao dar entrevistas dizia que a vitória havia sido um resultado do empenho da equipe Ferrari, que havia deixado o carro em excelentes condições para a competição. E sempre que perdia uma corrida, chamava para si a responsabilidade, assumia a culpa, afirmando sempre que havia errado aqui e ali, que havia falhado em algum determinado ponto.

Então, é bom gravar isso: campeões assumem a responsabilidade por seus resultados. E assim chamam para si o poder de alterá-los. Dão a si mesmos o poder de melhorar seu presente e seu futuro.

Se você quer ter sucesso, assuma a direção de sua vida. Se você não gosta do que tem hoje, arrisque mudar para conseguir o que deseja.

Ouça o que dizem os campeões: "para que as coisas mudem em nossa vida nós é que devemos mudar, e não ficar esperando que o mundo mude de acordo com nossa vontade. Para que as coisas melhorem, antes é preciso que nós mesmos melhoremos" (Jim Rohn).

Para fazer parte do mundo dos vencedores, habitue-se a agir como um vencedor. E vencedores sabem que dar e receber, ensinar e aprender são duas atitudes essenciais para se obter grandes vitórias.

Um vencedor sabe que quanto mais pessoas ele ajuda a enriquecer, mais rico ele próprio se torna. Pense e aja como um vencedor. Tudo o que lançamos no Universo nos é devolvido por ele multiplicado.

Sucesso:
Por que parece tão difícil chegar lá?

Em todas as coisas, o sucesso depende de uma preparação prévia; e sem tal preparação o fracasso é certo.

CONFÚCIO

Existem muitas pessoas com dificuldade para alcançar o sucesso. Em muitos desses casos, são pessoas que já vêm de famílias cujos membros também não conseguiram se sair vitoriosos por não estarem preparados para vencer.

Tais pessoas podem ter herdado hábitos que as afastam do sucesso. É o avô que era pobre e fracassado, o pai que também aprendeu a ser pobre e agora, por sua vez, os filhos assimilam a idéia de pobreza.

Não estou aqui querendo condenar o antepassado de ninguém, apenas fazer um alerta para um fato: os fracassos que se perpetuam por gerações têm, até certo ponto, sua origem na maneira como a pessoa encara a vida e suas possibilidades de sucesso. É como um programa que é automaticamente copiado e depois executado, muitas vezes de forma inconsciente, fundamentado em observações dos membros da família.

Entretanto, quando um pai é rico e bem-sucedido, seus hábitos de sucesso podem ser passados para os filhos, o que faz estes terem maiores chances de conseguir êxito em seus empreendimentos. Então é quase certo que esses filhos, espelhando-se no exemplo do pai, também se tornem vencedores.

Vou citar um exemplo: minha filha, quando era ainda uma menina, resolveu fazer algumas pulseiras e foi vender aos nossos amigos.

Então mais tarde chegou em casa com o equivalente a 40 dólares. Imagine uma menina chegando em casa com todo esse dinheiro, fruto de seu trabalho!

Fiquei muito feliz e expliquei a ela que talvez fosse melhor não gastar todo o dinheiro, mas sim investi-lo na compra de mais material para fazer mais pulseiras, dando assim continuidade ao seu negócio. Procurei motivá-la para que ela adquirisse uma postura positiva em sua forma de lidar com o dinheiro.

Em minha infância, porém, enfrentei uma situação bem diferente. Quando eu chegava em casa com o dinheiro de alguma venda que eu fazia, minha mãe me obrigava a devolver tudo no mesmo instante. E me dizia que era muito feio pegar o dinheiro das outras pessoas. Ela interpretava "vender coisas para os outros" como "roubar as pessoas". Imagine só!

E em qual das duas situações citadas você acha que uma criança teria maior chance de se tornar um adulto bem-sucedido? Em qual desses casos ela estaria sendo estimulada para a riqueza e a prosperidade?

É claro que tudo isso dependerá de como você encara sua própria história familiar e de como reage a ela. Muitas vezes o inconformismo com a pobreza leva algumas pessoas a terem garra para vencer na vida e mudar sua história. Outras vezes a riqueza excessiva da família faz com que os filhos se acomodem e se tornem apáticos diante dos desafios da vida. O histórico familiar vai influenciar a postura das pessoas em relação à vida e, na maior parte dos casos, elas costumam se acomodar àquilo que sempre viveram e repetir o que aprenderam com seus pais durante a infância.

No meu caso, felizmente rompi com os conceitos errados que aprendi em minha infância quando resolvi que queria ter sucesso na vida. Você acha que sou uma exceção? Tudo bem. Todavia você também pode fazer o mesmo. Basta que se lembre sempre de que nasceu para a riqueza e a felicidade. E que tome posse desse seu potencial de campeão e o faça manifestar-se em sua vida.

Quer outro exemplo? Tenho um amigo chamado Oscar cujo pai abandonou a família, deixando-a em uma situação bastante difícil. Ele e a mãe passaram a morar em uma casa do governo, mas o prédio apresentou problemas e foram obrigados a deixá-lo. E, enquanto não conseguiam uma nova casa para morar, ele e a mãe moraram no necrotério da cidade. Tinham de se lavar no mesmo local onde eram lavados os cadáveres. Nessa época Oscar perdeu todos os amigos e até mesmo sua identidade como cidadão, pois para muitos uma pessoa sem endereço é uma pessoa sem dignidade.

Um dia surgiu uma boa oportunidade de negócio e ele a agarrou com unhas e dentes, trabalhando com muito afinco. Hoje possui um ótimo salário, vários carros importados na garagem e uma casa de dois mil metros quadrados num dos bairros mais caros de sua cidade.

Mas preste muita atenção: muitas coisas de seu passado vão mexer com você. E, se você aceitar as influências negativas dele como uma verdade definitiva em sua vida, não vai conseguir enxergar o sucesso e a riqueza que lhe pertencem, achando que isso não é para você.

Lembre-se, contudo, de que essa situação não precisa ser assim. Esta é uma decisão que só depende de você. Mesmo que sua infância tenha sido difícil, que não tenham lhe ensinado como ser rico, você ainda pode virar a mesa e fazer sua fortuna. E mais, pode ensinar seus filhos, sobrinhos, netos e todos aqueles com quem você convive a cultivar a semente do sucesso.

Tudo depende de como você enxerga a vida, daquilo que você acredita ser um direito seu. Existem pessoas que montam um negócio e depois de algum tempo perdem tudo. Essas pessoas se olham no espelho e dizem para si mesmas: "Como sou idiota. Por que é que eu tinha de montar um negócio meu? Teria sido melhor se eu tivesse continuado como empregado de alguém".

Mas negócios não dão certo ou errado por si mesmos. Um empreendimento só dá errado quando já se traz na mente a idéia preconcebida de que ele irá ser um fracasso. Some a essas idéias derrotistas alguns erros de planejamento e estratégia de negócios — por exemplo, montar uma empresa de gelo no Pólo Norte — e as chances de vitória serão ainda mais reduzidas.

Portanto, tenha bem claro em sua mente que as coisas negativas que você carrega dentro de si poderão influenciá-lo de modo negativo se você não fizer nada para mudar isso. Mas sempre existe a possibilidade de mudar esse destino, aprendendo com o exemplo dos verdadeiros campeões da vida, tornando-se também um deles.

Você sempre pode decidir ser um vencedor. Entretanto é preciso, primeiro, superar algumas dificuldades muito comuns àqueles que se lançam no caminho do sucesso. Vamos entender algumas delas a seguir.

Gente que falha porque tem medo do sucesso

Nossas dúvidas são traidoras e nos fazem perder o que, com freqüência, poderíamos ganhar, por simples medo de arriscar.

WILLIAM SHAKESPEARE

Muitas pessoas iniciam determinada atividade cheias de esperanças e idéias, mas, quando começam a ver realmente os bons resultados surgirem, ficam assustadas.

Tem muita gente que fracassa por ter medo do sucesso. Essas pessoas ficam com receio de não dar conta do recado, medo de se expor demais, de mostrar uma imagem de si próprias que seja menos do que aquilo que prometeram para as outras pessoas.

Há aqueles que se afastam da riqueza por ter medo do dinheiro. Costumam dizer: "Ter dinheiro é muito complicado. Vai logo vir alguém para seqüestrar meu filho, vai aparecer um monte de gente pedindo, vão vir os falsos amigos... vou ter muita dor de cabeça para administrar. É melhor não ter dinheiro mesmo!".

É óbvio que se você acredita que precisa se afastar do dinheiro seja lá por que razão, então está optando por ficar longe dele, está escolhendo ficar pobre. E, se você lamenta que precisará abrir mão de parte de seu tempo livre e de muitas coisas que lhe dão prazer para ter sucesso financeiro, também está no caminho errado, pois isso é um dos passos inevitáveis para se alcançar o sucesso. À medida que avança em direção à riqueza, você começará a perceber que ser rico exige realmente muito trabalho.

Muitas pessoas desistem de serem ricas por medo de se tornarem "escravas" do trabalho. Na cabeça delas, o sucesso financeiro deve proporcionar mais tempo livre e não mais tempo de trabalho.

Muita gente desiste do sucesso simplesmente porque não quer trabalhar por ele. Não quer correr riscos nem pagar o preço de ser rico. Essas pessoas confundem ter um estilo agradável de vida com ter muito tempo livre, não querendo enxergar que a maior parte daqueles que conseguiram vencer na vida sabe que ter um estilo de vida prazeroso não tem nada que ver com ter muito tempo ocioso.

Por exemplo, algumas vezes por ano costumo passar seis ou sete dias em meu iate com minha família sem nenhuma preocupação. Este é um estilo de vida que lhe interessa? E se eu lhe disser que normalmente trabalho por trinta dias consecutivos, incluindo sábados, domingos e feriados, e que mesmo em meus dias de folga continuo atuando em meus negócios? Ainda lhe interessa?

Provavelmente você vai me dizer que tudo isso não vale a pena porque eu quase não tenho tempo livre. Mas aí é que você se engana. Tenho todo o tempo livre de que necessito. Tenho as 24 horas de todos os dias livres, pois para mim trabalhar é um prazer. Encaro meu trabalho como algo prazeroso, por isso ele não é um fardo para mim. Minha esposa e meus filhos comemoram comigo todas as minhas vitórias e compartilho com minha equipe de trabalho todas as recompensas que um trabalho gratificante proporciona.

Tudo isso — meu trabalho, escrever este livro, falar com você do que aprendi na vida — faz parte da minha diversão. Esse é o estilo de vida que escolhi e o qual me deixa muito feliz.

Muitas pessoas vitoriosas adotam um estilo de vida de trabalho intenso simplesmente porque não vêem o trabalho como algo desagradável, mas sim como algo desafiador, divertido, e para elas o que poderia ser um peso se torna um prazer.

Então se alguém me perguntar se valeu a pena enfrentar meu medo do sucesso e trabalhar arduamente para conquistar o estilo de vida que tenho hoje, o que vocês acham que vou responder? É lógico que valeu a pena!

Não troco meu estilo de vida atual por nada neste mundo. Hoje posso me dar ao luxo de fazer e ter todas as coisas que sempre quis, coisas com as quais jamais poderia sonhar se tivesse cedido ao medo de arriscar e enfrentar o trabalho necessário e se tivesse ficado paralisado em meu passado.

▪ Gente que pára no meio do caminho

O sucesso parece ser, em grande parte, uma questão de persistir quando os outros desistiram.

William Feather

É impressionante a quantidade de gente que se entusiasma com algo, mas depois pára no meio do caminho.

Costumo dizer que existe muita iniciativa e pouca "acabativa". Quer dizer, a maior parte das pessoas começa algo com muita força e vontade, entusiasmada mesmo, mas não vai até o fim. Desiste à primeira dificuldade.

Quando você apresenta uma idéia de negócio que promove a riqueza, é comum quase todo mundo se entusiasmar. É impressionante! Todavia uma boa parte das pessoas que aderem à proposta inicial não termina o que foi começado.

Um monte de gente à minha volta desiste das coisas antes de concluí-las — e não são só pessoas que têm medo do sucesso não; isso também acontece com aqueles que, alguma vez, já obtiveram sucesso em determinadas áreas de sua vida.

Normalmente essas pessoas querem adotar no novo negócio a postura que tinham no negócio anterior. Só que isso não é possível. Esquecem-se de que, em um novo negócio, estão diante de situações novas também. Não entendem isso e não se colocam na postura de aprendizes.

Aquele que assume uma postura de fracassado nunca chega ao final daquilo que começou, ou porque não quer aprender o novo, ou porque se recusa a se adaptar às novas situações, ou porque tem medo do sucesso, ou porque perde o interesse por um projeto no meio do caminho. Isso acontece basicamente porque não gosta do que faz e, assim, acaba por achar que os problemas que tem pela frente são maiores que sua capacidade de resolvê-los. Abandona tudo pela metade e acaba não colhendo sequer os frutos daquela parte que já plantou.

As pessoas que fracassam na vida são responsáveis pelo próprio insucesso, deixando, muitas vezes, coisas inacabadas ao longo de sua jornada profissional. Isso quando não fogem dos desafios sem nem mesmo fazer uma única tentativa, dando vazão a um medo irracional e assumindo uma postura derrotista.

Certa vez, em meio a uma guerra, um soldado chegou para o general e disse: "Senhor, somos dez e eles são cem. Não há nada que possamos fazer". E o general respondeu: "Soldado, não viemos aqui para contar o inimigo, e sim para combatê-lo". É assim que muitas pessoas agem com relação ao próprio sucesso: contam os inimigos, assustam-se com o obstáculo e desistem da luta. Com isso acabam por perder a guerra antes de começar o combate.

E o pior é que muita gente desiste exatamente quando as coisas estão prestes a mudar a favor delas. Nadam quilômetros e quilômetros em pleno mar aberto para abandonar a prova a apenas poucos metros da praia.

No mundo dos negócios, por exemplo, quando as coisas começam a ficar ruins, muitos empresários não insistem, preferindo desistir da batalha por já acreditar na derrota. Desistem justo quando o governo acaba de anunciar uma medida que vai ajudar aquele setor ou aquela área ou aquela região, ou então um pouco antes de uma grande virada no mercado consumidor de seus produtos.

Uma pessoa de sucesso é aquela que acredita que irá vencer e persiste até conseguir seu objetivo. Ela acredita com firmeza que o próximo passo sempre pode ser aquele que mudará completamente sua história para melhor.

Gente que perde energia durante a jornada ao sucesso

Fazer vinte vezes, recomeçar a obra, poli-la constantemente, poli-la sem descanso.

NICOLAS BOILEAU

Uma outra situação é a daquelas pessoas que perdem energia durante a jornada do sucesso. É como se elas dormissem no meio do caminho e, quando acordassem, a vida já tivesse passado.

É comum pessoas começarem um negócio, entrarem de cabeça nele e trabalharem com afinco até praticamente a exaustão e, depois de algum tempo, amolecerem e se entregarem a uma forte letargia, a um completo desânimo. Costumam pensar, ao meu ver erradamente, que já trabalharam demais e que, portanto, merecem um descanso.

Essas pessoas não têm clareza de seu objetivo. Ou, então, perderam-no de vista em razão do cansaço.

Quando se trabalha ao lado de vencedores fica muito mais difícil desanimar, pois estes são ótimos exemplos a ser seguidos, além de grandes incentivadores daqueles que estão à sua volta.

Por isso é tão importante associar-se a vencedores para se manter no caminho da vitória. A função do líder é "acordar" as pessoas para o sucesso, não as deixando "dormir" no meio do caminho.

Dormir no meio dessa jornada é como entrar num jogo de futebol para empatar. Quer um exemplo? Vamos recordar um fato — que na verdade a gente gostaria mesmo é de esquecer — para ilustrar a idéia que estamos abordando: vimos a Seleção Brasileira de Futebol jogar na Copa da Alemanha, em 2006.

Então, responda: será que a França era tecnicamente superior o suficiente para desclassificar o Brasil? Pouca gente acredita nisso, não é? Eu também não acredito.

Mas, então, o que aconteceu?

Simples: a gente viu todo mundo dormir em campo. Todos os jogadores estavam numa letargia de dar dó. Os caras eram bons — eram os melhores jogadores do mundo —, a tática era boa, o tempo estava bom, o gramado era excelente e o histórico da Seleção Brasileira naquela e em outras Copas dava a eles muita autoconfiança. Estava tudo perfeito. Mas estava todo mundo dormindo em campo.

Sabe-se lá porque, mas o time todo andava feito sonâmbulo e jogavam feito pessoas que já admitiam que a conquista da taça estava fora de seu alçance.

A Seleção Brasileira dormiu no meio do caminho e não apareceu um líder para acordá-los. O homem, o técnico Parreira, estava ali falando, berrando, esperneando, tentando orientar a sua equipe, mas não conseguiu acordar o time.

Nenhum jogo termina antes do apito final do juiz. Então, enquanto você estiver em campo, jogue para valer. Não desista do seu sucesso antes de o jogo acabar, pois até o último segundo você pode marcar o gol da vitória.

Gente que acredita que o fracasso é inevitável

Se você pensa que pode, ou pensa que não pode,
de qualquer modo você está certo.
Henry Ford

Se você acredita que o fracasso é inevitável, você está completamente certo. Ele se tornará inevitável para você. Mas se acha que o fracasso existe, então ele não acontecerá para você.

Tudo aquilo em que você acredita irá se tornar a sua realidade. Por isso você sempre tem razão.

Se você achar que vai comprar uma Ferrari, comprará a Ferrari. Se disser que nao vai comprar uma Ferrari, com toda a certeza não a terá, porque Deus diz sim a tudo em que você acredita. Se você diz "Sim", Ele diz sim. Se você diz "Não", Ele diz sim. Portanto tudo em sua vida depende somente daquilo que você diz.

Tome muito cuidado com a força de suas palavras. Elas têm uma poderosa energia. Tudo em sua vida depende muito do que você afirma.

Certa vez comprei um belo barco e coloquei o nome de "Kebra Tudo". Passados três meses, o barco estava todo quebrado. Daí um amigo me disse: "Também pudera! Com esse nome, o que você poderia esperar?". Desde então tomo muito cuidado com as palavras e não brinco mais com elas.

Tente ficar atento também à forma como você vê os acontecimentos que lhe sucedem. Lembre-se de que sempre se pode enxergar o lado positivo até em situações desagradáveis. Citarei um exemplo.

Em uma viagem que fiz recentemente aos Estados Unidos com minha esposa, houve uma sucessão de contratempos: desde o vôo atrasar, perder vôos de conexão e sumir a bagagem até comprar passagem de primeira classe e ter de viajar na econômica, além de chegarmos ao destino com um dia e meio de atraso.

Muita gente, até mesmo por instinto, procuraria pensar em todas as coisas ruins que aconteceram nessa viagem. Mas, quando penso sobre isso, procuro lembrar apenas das coisas boas dela, como, por exemplo, que viajamos em um vôo diurno — muito mais confortável que o noturno que havíamos reservado, que tivemos mais tempo para fazer compras e que eu e minha esposa tivemos mais tempo para namorar.

Então, na realidade, não é o que lhe acontece que importa, mas sim a sua interpretação do que acontece. É a maneira como você lida com as diversas situações da vida que conta de fato. Se você encara com pessimismo tudo o que lhe acontece, sua vida fica muito mais pesada e ruim. Mas se leva tudo pelo lado positivo, a vida fica muito mais simples, mais leve.

Costumo dizer que, para se ter uma visão mais otimista da vida, é preciso ter muito boa memória para esquecer o que não interessa. Parece uma frase estranha, mas é a pura verdade. Eu explico: o que não interessa, não interessa! Sua memória tem de ser boa, tem de conter coisas boas, tem de ser seletiva, gravando só o que é positivo e apagando o resto. Isso é ter uma boa memória — uma memória cheia de bom conteúdo.

Não se pode carregar o passado nas costas, especialmente se estiver cheio de coisas negativas, como quem carrega uma cruz. Carregar peso inútil em sua jornada só vai atrasar o seu sucesso.

Olhar as coisas pelo lado negativo e carregar um passado de derrotas na memória torna o fracasso algo inevitável. E então o sucesso vai lhe parecer algo impossível de alcançar.

■ Gente que não sabe como realizar seus sonhos

O futuro pertence àqueles que acreditam na beleza de seus sonhos.

ELEANOR ROOSEVELT

Uma das principais razões pelas quais as pessoas não conseguem realizar seus sonhos é a confusão que existe em relação à própria idéia de sonho.

É comum as pessoas não terem sonhos porque acabam por confundi-los com a própria realidade. E se você não sabe sequer o que é o sonho, não vai saber como realizá-lo.

O *Dicionário eletrônico Houaiss da língua portuguesa* diz, em uma de suas inúmeras definições, que sonho é a representação de alguma coisa ou de algum fato enquanto dormimos. Imaginação sem fundamento, fantasia.

Então se o seu sonho é ser o presidente de uma corporação ou mesmo do seu país, vá para a cama dormir! E sonhe com isso.

É um absurdo total pensar assim, não é mesmo? Só que muita gente acha que sonho é isso. Mas esse tipo de sonho é algo próprio de crianças. Para elas não há limites e, por isso, sonham sem se preocupar com a forma como irão realizá-lo.

Já os adultos não conseguem mais ter sonhos que não sejam baseados em coisas reais. E nesse caso não são mais sonhos, e sim realidade.

A gente pensa em ter uma casa, mas pensa naquela que podemos comprar e não na que realmente gostaríamos de possuir. É aquela casa que está "dentro do seu orçamento" que se torna a "casa dos seus sonhos" — o que torna seu sonho bem limitado, é claro.

Na verdade, a casa dos seus sonhos deveria ser aquela que você compraria se tivesse todo dinheiro do mundo. Aquela que você escolheria pensando apenas no conforto e nas conveniências que ela lhe proporciona.

Logo, existe um enorme abismo entre o que você aceita como sonho, apesar de limitado por fatores externos, e o que é, de fato, o seu sonho.

O primeiro passo que temos de dar é resgatar, reavaliar nossos sonhos. Só que, nesse processo, você pode descobrir que, quando passar a ter sonhos verdadeiros, a pessoa que você é hoje poderá não mais servir a seus propósitos. Então lhe restarão dois caminhos: ou você desiste de seu sonho achando que não vai valer a pena ter de trabalhar tanto para realizá-lo, ou opta por transformar-se naquela pessoa que irá conquistá-lo.

Mas lembre-se: um sonho sem uma data para acontecer não significa coisa alguma. Um sonho tem de ter uma data para se realizar. Só então você terá um objetivo claro. Não adianta apenas dizer "Vou comprar uma Ferrari". Quando você irá comprá-la? Nesta vida ou na outra? Logo ou daqui a quarenta anos?

Tem de haver uma meta que você precisa estabelecer com confiança, por exemplo: "Quero comprar uma Ferrari no próximo ano". Então será necessário trabalhar para realizar esse objetivo.

Muita gente desiste dos sonhos porque não os tem claros para si mesmo e, portanto, não sabe como realizá-los.

E você? Qual é o seu sonho?

Gente com crenças, valores e atitudes erradas

É possível mudar nossas vidas e a atitude daqueles que nos cercam simplesmente mudando a nós mesmos.

RUDOLF DREIKURS

Quem pensa que pode usar de má-fé e artimanhas para obter o que deseja na vida está cometendo um lamentável engano. A vida sempre nos devolve o que a ela entregamos — e com juros.

Por isso quem valoriza apenas o próprio benefício e age olhando só para o próprio umbigo, fatalmente está atraindo para si o fracasso.

Vamos analisar juntos alguns desses casos.

Você provavelmente conhece pessoas que gostam de levar vantagem em tudo, não é mesmo? Como naquele caso do filho que chega em casa todo contente e diz ao pai: "Olha aí, pai! Hoje fui em uma loja, paguei com uma nota de dez e a moça do caixa me deu como troco uma nota de cinqüenta". E o pai responde naturalmente: "É isso aí, filho. Você saiu no lucro... Tá levando vantagem!". E nenhum dos dois liga a mínima se a moça do caixa terá de pagar a diferença de seu erro do próprio bolso no fim do dia. Pessoas assim só pensam em levar vantagem em tudo.

Agora, será que esse tipo de atitude vai levá-lo ao sucesso de verdade? Se você é o tipo de pessoa que acha que é certo tirar vantagem dos outros sempre, que isso é uma coisa bacana, que tipo de sucesso você pode esperar?

Lembre-se: a vida devolve tudo o que fazemos na mesma moeda, acrescido de juros. Então, quando alguém lucra "quarenta" lesando outra pessoa, em breve será lesado em sessenta, oitenta ou até mais.

E quanto àqueles que gostam de passar a perna nos parceiros? Você conhece alguém assim?

Como no caso em que uma pessoa pede ajuda a um companheiro de trabalho mais experiente para que atenda a um cliente especial. E, quando menos espera, o companheiro mais experiente insere aquele cliente na própria carteira pessoal de clientes.

O que pode, a princípio, parecer uma vantagem excepcional para aquele que enganou o colega é, na realidade, uma dívida que ele acaba de assumir com a vida. Mais cedo ou mais tarde será ele quem terá um cliente roubado por um outro companheiro de trabalho ou por um concorrente. Só que seu prejuízo será bem maior do que o que ele provocou. E isso fará com que seus negócios acabem por diminuir, pois ninguém gosta de negociar com pessoas não confiáveis.

Você conhece algum empresário que foi lesado por um funcionário em quem confiava cegamente?

É comum, nos dias atuais, casos de empresários que aumentam o próprio salário, aproveitando-se da confiança que os patrões depositam neles, além de desviarem vultosas quantias da empresa para as próprias contas. A vida devolverá seus atos a eles na mesma moeda, mais os juros.

Você já ouviu falar em sociedades perfeitas? Difícil encontrar, não é mesmo? Geralmente é por causa de abusos de um dos sócios que as sociedades costumam não dar certo.

Lembro-me de um amigo que tinha um sócio em uma indústria gráfica. Enquanto os negócios iam bem, tudo estava perfeito. Mas foi só a empresa passar por uma crise que um dos sócios achou que merecia muito mais dinheiro do que estava recebendo. E não teve dúvidas: passou a fazer negócios paralelos sem que o outro soubesse. E o pior de tudo foi que usou a estrutura de fornecedores da própria empresa para vender às escondidas, e por um preço bem menor, aos próprios clientes da empresa.

Quando meu amigo descobriu isso, entrou em contato com fornecedores e clientes explicando o que havia acontecido. Estes colocaram o mau empresário na lista negra de tal modo que ele nunca mais conseguiu fazer negócios no ramo gráfico, sendo obrigado a mudar de profissão. Além, é claro, de perder a sociedade na empresa.

Gente que tem atitudes e valores direcionados unicamente à idéia de "obter sucesso a qualquer custo" está fadada ao fracasso. Com esse tipo de comportamento, tudo o que consegue é afastar-se do sucesso e da riqueza. Nada do que esse tipo de gente constrói tem solidez e credibilidade.

Gente com comportamento destrutivo

O sucesso resulta de cem pequenas coisas feitas de uma forma um pouco melhor. O insucesso, de cem pequenas coisas feitas de modo um pouco pior.

HENRY KISSINGER

Uma das coisas que mais criam dificuldades para as pessoas que querem vencer na vida é o comportamento destrutivo. Com esse terrível hábito, elas costumam se descuidar dos detalhes que fazem toda a diferença no resultado final. Veja a seguir algumas das formas de sabotar o próprio sucesso.

- ***A indecisão*** – Ela faz com que a pessoa fique sempre em cima do muro e, por esse motivo, acaba não conseguindo nenhum resultado na busca de seus objetivos.

É como o caso daquele cara que, apertado, chega a um local onde existem dois banheiros, um à sua esquerda e outro à sua direita. Se ele ficar indeciso sobre qual dos dois usar, vai acabar urinando nas calças.

A indecisão é a maior ladra de oportunidades. E muito da indecisão vem do fato de as pessoas não analisarem direito as situações que se apresentam diante delas e de não terem a ousadia de arriscar quando as probabilidades não estão completamente a seu favor. Ou, ainda, quando há várias opções, mas a pessoa não consegue se posicionar em relação a nenhuma delas. Leia o exemplo de uma situação de indecisão.

Na beira de um lago estavam um pato, um peixe, um coelho e uma águia. Discutiam sobre suas técnicas para escapar dos caçadores.

— Quando um caçador se aproxima, eu vôo rapidamente — disse a águia.

— Eu corro mato adentro — adiantou o coelho.

— Já eu nado para as profundezas do lago — disse o peixe.

— Para mim tanto faz — disse o pato. — Se eu quiser vôo, ou corro, ou nado. Posso fazer qualquer uma dessas coisas.

Nesse momento, chegou um caçador e atirou. E quem ele acertou? O pato. Porque a águia voou, o peixe nadou e o coelho correu. Mas o pato ficou ali parado, indeciso, pensando: "Não sei se vôo, se corro, ou se nado...".

- ***A preocupação*** — Um outro comportamento destrutivo é a preocupação. Atualmente as pessoas se preocupam muito com tudo, o que as leva a um grande desgaste energético.

A preocupação só causa mais confusão, pois normalmente as pessoas se preocupam com coisas que elas não controlam, com coisas que elas não podem mudar.

Por exemplo, não adianta você se preocupar se vai vir uma tempestade ou não. Você pode sim tomar algumas precauções para proteger-se caso ela de fato venha. Mas se ela tiver de vir, virá de qualquer modo, estando você preocupado ou não.

De que adianta você se preocupar com as previsões catastróficas do futuro do planeta? Se sua filha de 15 anos vai sair com o namorado à noite? Se a inflação vai subir no país?

Tente fazer a sua parte e fique tranqüilo. Existem coisas que você jamais controlará. Então tente relaxar um pouco.

A preocupação só traz gasto de energia sem nenhum benefício. Tente manter-se calmo em momentos de tensão, isto sim está ao seu alcance e será muito benéfico para a sua vida.

- ***A dúvida*** — Outro comportamento bem destrutivo àquele que busca o sucesso é a dúvida. É importante que você não alimente dúvidas em seu caminho, e sim que adquira mais confiança em você mesmo nessa jornada.

Tenho um amigo que sempre foi o terror das mulheres. O apelido dele é Zé Bonitinho. Um belo dia ele apareceu com uma mulher horrível, relaxada, cabelo todo ressecado e despenteado, unhas mal-cuidadas, um absurdo, dentro dos padrões de mulher que ele sempre buscava.

O pessoal ficou assombrado. Até que um dos nossos amigos chegou nele e perguntou: "Ô, Zé... O que aconteceu? O que foi que você viu nessa mulher?"

E o Zé respondeu: "Sabe o que é? É que eu adoro o jeitinho dela roncar". Você tem de ter confiança no que faz, não importa o que digam a seu respeito. Caso contrário, você vai acabar se comportando como um conhecido meu chamado Júlio. Um dia, quando estava com uma linda mulher ao lado, um amigo chegou e disse que ela não era mulher para ele. Preocupado com a opinião do outro, Júlio desistiu da namorada. No dia seguinte soube que aquele seu amigo, que havia feito o comentário, estava saindo com ela. Injuriado, perguntou: "Pô, cara! Você não disse que essa mulher não era boa para mim?". E o amigo respondeu: "É mesmo. Ela não é boa para você, mas é boa para mim.".

Quando a pessoa está cheia de dúvidas, quando não confia no próprio taco, acaba se deixando levar por comentários alheios. Acaba dando ouvido a observações do tipo "Eu não gosto de seu relógio" ou "Essa gravata não combina com seu terno". E basta um comentário desses e pronto: acabou o dia.

A resposta que você sempre tem de ter pronta para esses casos é: "E daí? O problema não é seu!".

- ***A precaução em demasia*** — Esse comportamento pode ser muito daninho para quem quer alçar altos vôos na carreira.

Tem gente que vai sempre "devagarzinho", sem nenhuma pressa de chegar.

Quando se tratar do seu sucesso, o segredo é avançar o mais rápido que você puder. Não deixe que o excesso de precaução o paralise. É preciso arriscar mais, ousar mais. A vida é um jogo que você tem de jogar para ganhar.

O jogo da fortuna exige ousadia.

- ***A indiferença*** — Atitude muito usada pelas pessoas para sabotar os próprios esforços.

Existem pessoas indiferentes a todas as oportunidades que a vida lhes apresenta. Se você diz para esse tipo de pessoa: "Vamos fazer isso, pois assim a gente vai ganhar muito dinheiro!", ela provavelmente encolherá os ombros com indiferença.

Não seja indiferente à vida, a suas oportunidades. Tudo na vida é um jogo. Tudo tem regras e você precisa jogar de acordo com essas regras. Melhor ainda: você precisa manter-se jogando com entusiasmo.

Lembre-se: se você quer ser um vencedor, não pode ser indiferente e apático. Não encolha os ombros e deixe a vida passar. Atue ativamente no grande espetáculo que é sua vida.

- ***A falta de um objetivo claro na vida*** — Já falamos um pouco sobre este item, mas não custa nada ressaltar a sua importância em nossa busca do sucesso.

Tem de haver uma razão para você estar querendo ser um vencedor na vida. Se não houver uma razão forte o suficiente, muitos serão os obstáculos que poderão desviá-lo do seu caminho.

Tem gente que diz: "Sou muito tímido e não consigo falar com pessoas estranhas". E aí eu pergunto: "Então se você estiver em uma praia e seu filho estiver se afogando, você não vai pedir ajuda a ninguém porque é tímido?". É óbvio que você vai falar e pedir ajuda a todos que puderem salvar o seu filho. Você vai falar com eles porque tem uma boa razão para isso. Porque você tem uma razão forte o suficiente para fazê-lo vencer sua timidez. Veja o exemplo a seguir.

Muito tempo atrás, três pedreiros estavam trabalhando em uma obra. Um curioso se aproximou e perguntou a um deles: "O que você está fazendo?". E o primeiro pedreiro respondeu: "Estou trabalhando". O homem se aproximou, então, do segundo pedreiro e fez a mesma pergunta. Mas desta vez a resposta foi: "Estou ganhando dinheiro". Finalmente o curioso repetiu a pergunta para o terceiro pedreiro. E esse respondeu, cheio de orgulho: "Estou construindo a Catedral de Notre-Dame". Qual desses pedreiros você acha que tem potencial para o sucesso? É óbvio que é aquele que tem a construção da Catedral de Notre-Dame como a razão para o seu trabalho, pois ele tem um objetivo claro e bem definido para atingir.

Então você precisa descobrir dentro de você por que está buscando ser bem-sucedido. É preciso que essa razão seja grande o suficiente para você falar com todas as pessoas que podem contribuir de algum modo para que você atinja seu objetivo. E dessa maneira você conseguirá botar em prática tudo o que planeja e realizar tudo o que acredita.

Pode estar certo: quando você souber claramente o que quer da vida, será muito mais feliz. E quando trabalhar de verdade para conseguir o que quer, com certeza vai chegar lá.

Como você lida com os quatro vírus da derrota?

Pensamentos viram ações, ações viram hábitos, hábitos viram o caráter. E o caráter vira o seu destino.
JAMES C. HUNTER

As pessoas não percebem que o fracasso é conseqüência de uma série de hábitos negativos, freqüentemente repetidos. Por isso lhes parece tão difícil chegar ao sucesso. Elas têm procedimentos que as afastam da vitória.

Esses hábitos são como vírus — os vírus da derrota. Quando eles as contaminam, destroem suas possibilidades de prosperidade.

A grande maioria das pessoas fracassa não por falta de talento, mas simplesmente por que têm comportamentos que minam seus resultados. Elas permitem que esses vírus dominem por completo sua vontade.

Será que você costuma se distrair muito enquanto busca o sucesso? Ou sofre de um mal muito comum hoje em dia chamado falta de foco? Quem sabe, ainda, você goste de ouvir pessoas fracassadas falando de suas experiências desestimulantes? Ou talvez você seja aquele empresário que deixa sempre para amanhã o que poderia fazer hoje?

Pense bem a respeito da sua postura diante da vida. São os pequenos detalhes que fazem as grandes diferenças nos resultados.

A diferença entre "ordinário" e "extraordinário" é apenas o prefixo "extra" existente neste. Mas um pequeno prefixo faz a grande diferença se pensarmos em relação ao significado de ambos os vocábulos. Assim também a forma como você cuida dos detalhes de seu comportamento com relação ao sucesso pode estar levando-o à vitória ou à derrota.

Será que, por exemplo, você olha para si mesmo como uma pessoa rica? Ou melhor, será que você está preparado para ser rico? Ou não?

Normalmente as pessoas estão preparadas, ou melhor, acostumadas, a terem hábitos de pessoas pobres. E por isso se tornam ou permanecem pobres porque não querem ser ricas, se recusam a pensar como os ricos.

Costumo dizer que essas pessoas estão contaminadas pelos vírus da derrota. Será que você está imune a eles? Ou talvez nem sequer saiba que está contaminado com eles.

O vírus da distração

A melhor maneira de nos prepararmos para o futuro é concentrar toda a imaginação e entusiasmo na execução perfeita do trabalho de hoje.

Dale Carnegie

Uma boa parte das pessoas que conheço se distrai o tempo todo. Distraem-se de seus compromissos. Distraem-se das oportunidades que lhes surgem. Distraem-se dos seus sonhos.

Você é dessas pessoas que ficam vendo um filme em casa esperando o horário de alguma reunião, e quando se dão conta já perderam a hora?

Você costuma estar com grupos de pessoas muito interessadas em produtos e serviços que sua empresa fornece, mas nem sequer se lembra de pegar o telefone de cada uma delas para um contato posterior?

Imagine a seguinte situação: você monta um negócio próprio, algo maravilhoso. Só que no dia da inauguração fica tão cansado que na semana seguinte resolve tirar férias. É claro que está se distraindo de seus objetivos de sucesso e riqueza!

Se você tem uma convenção marcada ou um evento qualquer que reúna os principais profissionais de sua área, mas resolve viajar a passeio em vez de estar nesse evento, se distraiu de novo.

Agora imagine alguém, um atleta, por exemplo, que tem uma competição importante e, na noite anterior, resolve beber com os amigos. É óbvio que ele está se distraindo de seu objetivo. Pode até beber para comemorar uma vitória após a competição, mas antes da disputa é óbvio que não. Essa distração pode lhe custar a vitória.

Um outro exemplo: um amigo se candidatou a uma vaga de gerente de marketing em uma grande empresa. A entrevista foi marcada para um domingo. É óbvio que a maior parte dos candidatos abriu mão dessa oportunidade por achar que domingo é dia de futebol e cervejinha com os amigos, mas nunca de entrevista de trabalho.

Meu amigo, porém, passou o sábado pesquisando sobre a empresa na internet. Reuniu todas as informações que conseguiu e se preparou para a entrevista.

Hoje é diretor de marketing da empresa e ainda tem muito espaço para crescer em sua carreira. Ele não se distraiu de seu objetivo e agora colhe os frutos de seu comprometimento.

A distração é um vírus que tira sua atenção de seus sonhos e suas metas. Você perde a visão de até onde quer chegar e não utiliza energia suficiente para fazer as coisas funcionarem a seu favor.

O vírus da falta de foco

Quem sabe concentrar-se numa coisa e insistir nela como único objetivo obtém, ao fim e ao cabo, a capacidade de fazer qualquer coisa.

MAHATMA GANDHI

As pessoas, em geral, costumam fazer muitas coisas ao mesmo tempo, sem se dedicarem e darem continuidade a nenhuma delas.

Isso leva à perda de foco do objetivo de sua vida. E, quando você perde o foco, abre mão daquilo que quer e que poderia ser seu, deixando os melhores resultados para os outros.

Lembra daquela vez que você tinha uma reunião de negócios importantíssima? E na última hora decidiu que era mais interessante ir ao batizado da filha de sua vizinha e deixou a reunião de lado?

É importante que você tome consciência de que esse tipo de comportamento é típico de quem perdeu o foco e colocou suas prioridades no lugar errado.

Quando você busca sucesso e riqueza, precisa priorizar o sucesso e a riqueza. Precisa manter o sucesso e a riqueza como seus principais focos de atenção e trabalho.

Você quer ser rico? Então priorize o trabalho e os negócios que lhe trarão dinheiro. Seus negócios só funcionam quando você tem foco total neles. Quando eles são sua prioridade máxima.

É mais ou menos como usar aquelas viseiras que se colocam em cavalos para que eles não saiam da rota. Com essa viseira, só se pode olhar para a frente. Só se pode ver o foco, sem distrações.

É como tirar uma foto. Você só pode focalizar uma paisagem de cada vez. Mas você sempre pode optar por focar aquilo que quer. E aquilo que for focado é o que você vai levar para sua vida.

Você está construindo as condições necessárias para manter-se no foco de sua busca do sucesso? Tem suas prioridades estabelecidas? Trabalha dentro dessas prioridades? Vem conquistando o apoio das pessoas que são importantes em sua vida para a concretização de suas metas?

Se você quer o sucesso, precisa aprender a manter-se no foco.

O vírus que o faz ouvir as pessoas erradas

Não importa o quanto você foi longe no caminho errado ou deu ouvido às pessoas erradas. Sempre é tempo de voltar atrás.

DITADO TURCO

Costumo dizer que muita gente não tem sucesso porque teima em dar ouvidos às pessoas erradas, as quais somente tentam desviá-las de seus objetivos.

Será que você conhece alguém assim? Vou ajudá-lo a se lembrar.

Existem primeiramente aquelas pessoas que chamo de professores do fracasso. Você, com certeza, conhece uma porção delas.

Os professores do fracasso são pessoas desocupadas que não têm coisa alguma a fazer, mas se acham o máximo e se consideram os donos da verdade e totalmente auto-suficientes.

Normalmente culpam a situação econômica do país, o governo, a concorrência, e sabe Deus quem mais, por seu fracasso, mas não perdem a pose nem abrem mão da sua razão. E vivem sempre tentando atrair gente para a turma deles. Sim, porque a desgraça e a pobreza gostam de companhia.

Por exemplo, em uma palestra do escritor Roberto Shinyashiki sobre sucesso, você normalmente encontrará, na porta de entrada, esses grupos de pessoas discutindo o que está errado em seus negócios, arrumando desculpas para seus insucessos, em vez de estar lá dentro assistindo à palestra e aprendendo a ser um vencedor de verdade.

Tais pessoas pensam que já sabem tudo, e sobre todas as idéias que você sugerir eles dirão que já tiveram ou já tentaram. Mas na verdade não colocam nada em prática.

A propósito, será que você também fica do lado de fora das grandes oportunidades de sua vida discutindo o sexo dos anjos em vez de estar aprendendo e trabalhando em busca de suas metas?

Os professores do fracasso ensinam as pessoas a serem fracassadas porque é só sobre isso que entendem. Pare de dar ouvido a eles. Melhor é tornar-se um professor do sucesso, concorda?

Outra praga para as plantações de sucesso são as pessoas negativas. Esse tipo de gente só enxerga o lado negativo das coisas, esquecendo-se ou não querendo ver que tudo tem um lado positivo e um lado negativo.

Lembre-se de que o lado para onde olhamos depende somente de nossa própria decisão. É uma escolha nossa.

Se você vive dando ouvidos às pessoas negativas, cuidado. Você pode estar indo pelo mesmo caminho sem perceber, uma vez que a praga da negatividade contamina tudo à sua volta, além de consumir toda a energia de que você necessita para se tornar um vencedor.

Tenho uma tia e uma prima que têm uma tendência muito grande a serem negativas. Para essas pessoas negativas, ser um vencedor é como acumular uma grande quantidade de desgraças. Quanto mais miseráveis parecerem, mais satisfeitas ficam. Elas adoram cultivar doenças para poderem assumir o papel de vítima das circunstâncias e, assim, angariar os cuidados e a atenção de todos à sua volta. Muitas vezes elas competem entre si para ver quem está pior ou quem sofre mais.

Tal situação chega a ser cômica. Mas cuidado: não se deixe envolver pela conversa delas, pelo "sofrimento" delas. Minha tia e minha prima vivem competindo para ver quem tem mais problemas.

Normalmente, a coisa funciona assim:

Minha tia liga para minha prima e pergunta "Como vai?" E minha prima responde de imediato "Estou muito mal. E você?"

— Ah, estou muito pior do que você. Mas, o que você tem?

— Eu mesmo não tenho nada. Mas a prima do meu vizinho, que é muito minha amiga, está com um problemão. Perdeu toda a aposentadoria do mês apostando em jogos de azar.

— Nossa! Que desgraça! Mas sabe que a minha vizinha também tem uma tia que é viciada em jogo?

— Verdade? E ela também perde muito dinheiro?

— Na verdade, eu não sei. Mas acho que é bem pior do que o caso da prima do seu vizinho.

— Ah, eu não acredito não. A prima do meu vizinho está indo à falência com essa mania de jogar. Não sei nem se vai conseguir pagar suas dívidas.

— E a tia da minha vizinha, então? Ela já nem tem dinheiro para comer. Perdeu tudo no jogo.

E então as duas começam a discutir, cada uma querendo que a desgraça de seu vizinho seja maior do que a do vizinho da outra, para conseguir a taça de campeã da infelicidade e, assim, ganhar o direito de receber todas as atenções.

Essas pessoas só conseguem enxergar o lado ruim da vida, atraindo para si as desgraças de outras pessoas e, assim, mostrando aos outros seu papel de eternas sofredoras, de pobres e infelizes coitadas.

Você também é o tipo de pessoa que tem uma enorme aptidão para valorizar as coisas negativas da sua vida? Vive se afogando em um mar de negatividade e pessimismo? Se estiver comendo uma fatia de pão com manteiga e ela cair no chão, tem certeza absoluta de que ela vai cair com a manteiga virada para baixo? Parece um ímã que atrai coisas negativas em todos os lugares por onde passa? Acredita que se alguma coisa tiver a mínima probabilidade de dar errado ela com certeza dará errado?

Espero sinceramente que esse não seja o seu caso, porque vai significar que você se juntou ao time dos perdedores, e esse comportamento irá puxá-lo cada vez mais para baixo. Contudo até para essas pessoas negativas há uma chance de inverter esse ciclo mudando suas atitudes e se afastando desse tipo de companhia.

Mas e se você ainda não sabe se está entre perdedores, entre pessoas negativas e que se fazem de vítimas das circunstâncias? Então o primeiro passo é aprender a identificá-los, para depois evitá-los.

Pessoas negativas são aquelas que sempre chegam cheias de problemas, de doenças, de reclamações. Vivem cercadas de confusões à sua volta, sempre acham que o mundo está ruim, que o governo as impede de prosperarem em seus negócios, que a inflação "come" todo o seu dinheiro — essa é uma desculpa antiga, do tempo em que a inflação era realmente alta, mas até hoje as pessoas negativas ainda a usam como desculpa. Não importa o que você pergunte ou fale a uma pessoa assim, as respostas delas sempre envolverão desgraças e estarão repletas de pessimismo.

Agora que você já sabe como se comporta uma pessoa negativa, olhe à sua volta e veja quem são as suas companhias. Depois seja sincero consigo, olhando bem de perto para você mesmo. E aí? Identificou algum pessimista?

Se os pessimistas que você identificou são seus amigos, então é hora de mudar de amizades se você quer realmente obter sucesso. Mas se o pessimista for você mesmo, saiba que sempre é tempo de adotar uma postura mais adequada ao seu novo objetivo de vencer na vida.

Tenha em mente que querer que as pessoas sintam pena de você não combina com a postura de um campeão. O caminho não é por aí.

É importante que você se transforme em uma pessoa forte e positiva, animada e estimulante, de maneira que todo mundo queira estar com você simplesmente porque é muito bom estar ao seu lado.

Agora, você já ouviu falar dos dorminhocos? Esta é outra classe de desestimuladores que existe em grande quantidade em todos os lugares. Eles agem como uma doença que mina qualquer esforço na busca pelo sucesso.

Os dorminhocos têm mais tempo para falar besteiras e influenciá-lo de modo errado, pois não têm nada a fazer, ou melhor, não se dispõem a fazer nada de útil que possa levá-los ao sucesso. São perdedores por natureza e não se conformam quando alguém está a caminho de se tornar um vencedor. Para um dorminhoco, encontrar alguém de sucesso é um pesadelo.

Então, quando você está a caminho da riqueza, quando dá sinais de que é um campeão de verdade, os dorminhocos começam a falar asneiras em seu ouvido. E dizem coisas como: "Não vai nessa. Não vai dar certo! Não troque o certo pelo incerto. E o certo hoje é que está um dia ensolarado e o melhor é ir à praia. Isso é o certo; o incerto é quando você está trabalhando. Sabe-se lá se esse negócio vai dar certo. Aproveite hoje, porque amanhã você pode morrer".

E ainda reforçam a dose: "Páre com isso, meu irmão. Para que tanto trabalho? Todo mundo vai morrer um dia, até mesmo você. Essa é a única coisa que a gente sabe ao certo. Então, aproveite a vida".

É a velha história do anjinho e do diabinho falando em seu ouvido. Só que o anjinho sempre estará dizendo: "Vá em frente que você consegue! Vai dar tudo certo". Mas é sempre você quem decide a quem ouvir.

Infelizmente o mundo acaba tendo mais perdedores do que vencedores porque a maioria prefere ouvir mais os dorminhocos do que os campeões.

Você faz parte do time dos vencedores, que estão trabalhando em seus negócios e fazendo sua vida acontecer? Ou ainda está indeciso, dormindo e ouvindo os dorminhocos da sua rua, que estão desempregados e reclamando da vida?

■ O vírus do adiamento

Uma das causas do fracasso na vida é deixar para amanhã o que se pode fazer hoje, e depois fazê-lo apressadamente.

SABEDORIA ORIENTAL

Procrastinação! Parece palavrão, mas não é!

É hábito de grande parte das pessoas adiar tudo, deixar para o amanhã o que poderia ser feito hoje. E deixar para depois de amanhã o que poderia ser feito amanhã. E deixar para depois de depois de amanhã, o que poderia...

Deu para perceber que essa é uma postura derrotista, não é mesmo? O sucesso até espera por sua boa vontade para acontecer para você — aliás, ele só vai acontecer em sua vida quando você tiver boa vontade e determinação para ir em busca dele.

Mas, cá entre nós, caso seu sonho seja ter uma Ferrari, o que seria preferível: você conseguir a Ferrari antes dos 30 anos e poder curtir totalmente a emoção de dirigi-la, ou somente realizar seu sonho depois dos 90 anos, quando até mesmo entrar em uma Ferrari já será um trabalho descomunal para o corpo envelhecido?

Então, pense bem sobre isto: quando você adia o trabalho necessário, está adiando a realização de seus sonhos. E até quando você está disposto a esperar para desfrutar suas conquistas? Ou você vai continuar adiando indefinidamente seu sucesso e deixando de desfrutar tudo o que pode estar ao seu alcance?

Livrar-se desse vírus é um exercício de disciplina que pode ser iniciado imediatamente. Basta você optar por ser um vencedor e se acostumar à disciplina, pois ela é a principal engrenagem da sua determinação de ir aonde você quiser chegar.

Coloque o pé na estrada do *sucesso*

Quem avança confiante na direção de seus sonhos e se empenha em viver a vida que imaginou para si encontra um sucesso inesperado em seu dia-a-dia.
HENRY D. THOREAU

Ótimo! A riqueza é sua meta. Você descobriu que pode ser rico e agora já consegue sonhar com muito mais dinheiro do que tem hoje.

Entretanto se você nada fizer, pode tirar seu cavalinho da chuva, e não estou falando em sentido figurado. Se você se mantiver inerte, esperando o sucesso passar a seu lado, pode esperar sentado, porque de pé vai se cansar.

Se, por um lado, o sucesso não passa a seu lado, pode ter certeza de que as oportunidades passam. E você tem de estar alerta para identificá-las e aproveitá-las.

De qualquer modo, para aproveitar as oportunidades que estão a seu favor, você deve se mexer. Precisa pôr os pés na estrada e começar a caminhar. E em sua bagagem precisa carregar algumas ferramentas indispensáveis para se tornar um vencedor. Confira-as na lista a seguir, para ver se você tem todas em sua mochila.

Pense grande

Pensar grande dá exatamente o mesmo trabalho que pensar pequeno. Por isso, pense grande. Mas divida seus grandes objetivos em pequenas tarefas a serem realizadas dia após dia.
IONAZ

É importante pensar grande, mas por etapas. Caso contrário, você pode acabar achando que a viagem é longa demais e então se frustrar.

A projeção de um futuro muito distante pode gerar cansaço no início do caminho e acabar por desestimulá-lo de continuar, porque você simplesmente não consegue enxergar seu objetivo.

Se você ganha mil dólares por mês e, de repente, recebe um prêmio de 40 mil dólares, vai achar que vai poder comprar um helicóptero. Porque 40 mil dólares é uma fortuna para você. Você não tem uma idéia certa do que isso significa porque está acostumado a viver com mil dólares por mês.

As pessoas só conseguem imaginar aproximadamente dez vezes aquilo que elas já têm.

Por exemplo: uma pessoa que ganha mil dólares por mês consegue enxergar um padrão de vida de quem recebe até 10 mil dólares mensalmente; uma pessoa que ganha 10 mil dólares consegue enxergar um padrão de vida de até 100 mil dólares; e assim por diante.

Dessa forma, provavelmente, a maioria das pessoas que tem um estilo de vida dentro de um orçamento de mil dólares mensais não vai conseguir enxergar um padrão de quem ganha 100 mil dólares. Não dá para saber nem mesmo o que fazer com o dinheiro. Essa pessoa não terá uma noção clara do que seja receber 100 mil dólares por mês.

Se você tem um carro de 5 mil dólares, fica muito difícil imaginar que seu próximo carro será um Lamborghini, certo? Existem carros de 10 mil, 50 mil, 100 mil dólares, que você pode usar como metas intermediárias até chegar ao ponto exato de ter um Lamborghini.

Gosto de uma regra muito simples, que chamo de **regra da neblina**: não adianta você estar do lado de cá da neblina e querer ver o que está do outro lado. É claro que você não vai enxergar. Então, você anda os primeiros cinqüenta metros, e aí vê os próximos cinqüenta, anda mais cinqüenta metros, vê mais cinqüenta, anda mais cinqüenta metros e sai da neblina.

É assim também com suas conquistas. Você tem de andar de cinqüenta em cinqüenta metros, muitas vezes um pouco na escuridão, às vezes sem enxergar quase nada, muitas vezes um pouco mais devagar, mas tem sempre de continuar andando, até que finalmente chegue ao sucesso. Tudo o que você tem a fazer é dizer para si mesmo: "dez vezes o que tenho hoje é uma meta possível".

Aí você analisa essa possibilidade: "Se eu ganhar dez vezes o que ganho hoje, como será a minha vida? Vale a pena correr atrás disso?". Tenha isso em mente, pense sobre isso, sonhe com isso se for o que deseja, desenhe tudo em sua mente e, se você entender que vale mesmo a pena, vá em frente!

Digo se você entender que vale a pena porque isso é muito relativo. Por exemplo, no meu caso, se hoje eu ganhasse dez vezes o que ganho, ainda assim não trocaria de casa, de carro, de barco e muito menos de mulher.

Então isso significa que, para mim, não vale mais a pena impor essa meta neste momento de minha vida. Não quero mais mudar meu estilo de vida porque minhas metas, hoje, não são mais uma questão de mais ou menos dinheiro.

Atualmente o que me motiva a continuar trabalhando é uma missão que tenho e que é mais importante do que conseguir dinheiro. Minha missão é ensinar a tantos quantos quiserem aprender tudo sobre como obter sucesso na vida e fazer sua própria fortuna. Então hoje imagino dez vezes mais aquilo que tenho, não mais em termos de patrimônio, mas sim pensando em desenvolver dez vezes mais minhas aptidões de ensinar, aumentar dez vezes mais minha capacidade de ajudar as pessoas a trilhar o caminho da fortuna e ter dez vezes mais pessoas envolvidas nos treinamentos que dou.

É importante pensar grande para ir cada vez mais longe. Todavia programe-se para crescer por etapas. Visualize sempre metas que representem um desafio, mas que não sejam impossíveis de se enxergar do lugar onde você se encontra agora. Lembre-se sempre da regra da neblina.

■ Dê valor ao que você tem

Nossa felicidade depende mais do que temos em nossa cabeça do que em nossos bolsos.
ARTHUR SCHOPENHAUER

Um dos maiores segredos para se chegar ao sucesso é dar valor às coisas que conquistou em sua vida. Você tem de aprender a valorizar tudo aquilo que já conquistou.

Tem gente que desperdiça dinheiro, não dando a ele a importância que merece. Estou dizendo alguma coisa estranha?

Por exemplo, tem muita gente que, quando derruba uma moeda de 10 centavos no chão, não a apanha. Não se dá ao trabalho de recolher a moeda simplesmente porque são apenas 10 centavos.

O que você precisa entender é que é necessário ter respeito pelo dinheiro. Se não o respeitar, ele também não vai respeitá-lo. Se não der valor ao dinheiro que tem, vai acabar ficando sem ele.

Por isso, se derrubar 10 centavos no ralo, abra o ralo e apanhe de volta a sua moeda. Não interessa se você é o cara mais rico do mundo, respeite cada centavo do seu dinheiro.

Em um lava-rápido, um funcionário encontrou uma moeda de 10 centavos no carpete de uma luxuosa Mercedes. Apanhou-a e se dirigiu à sala de espera. Entregou a moeda ao proprietário do veículo, que, com um sorriso de satisfação, guardou-a no bolso, demonstrando respeito pelo dinheiro.

Ao pagar a conta do serviço, o cliente deixou uma gorjeta de 10 dólares para o atencioso funcionário. Ele fez questão de premiar aquela pessoa que deu o devido valor ao seu dinheiro.

Lembre-se sempre: o dinheiro é uma energia poderosa que precisa ser valorizada e empregada com muito respeito. Ele não perdoa os desperdícios e os desrespeitos.

Em minha casa vale a regra do apague a luz. Todo mundo brinca com isso, mas vou atrás de todo mundo lá em casa, exigindo que apaguem as luzes que não estão sendo necessárias. É claro que posso pagar a conta de luz. Mas nem por isso vou aceitar desperdício como uma coisa normal.

Sempre digo a todos: não desperdice comida, não desperdice luz, não desperdice água... Não é porque você tem dinheiro que vai desperdiçar as coisas.

É tudo uma questão de respeito com aquilo que você conquistou. Se você não respeita as coisas que tem, é como se dissesse a si mesmo que não vale a pena conquistar o que quer e ainda não tem. E isso trabalha contra o seu sucesso.

É como um amigo meu que costuma dizer: "O cofrinho é um bicho irritável. Se não o alimentar todos os dias, ele fica bravo com você".

Então, habitue-se a colocar uma moedinha no cofrinho todos os dias e assim mostre a si mesmo que você valoriza seu dinheiro. Dê valor a tudo que você já conquistou. Você precisa respeitar aquilo que tem para alcançar suas sonhadas conquistas.

Aprenda a perguntar

A resposta certa não importa nada: o essencial é que as perguntas estejam certas.

MÁRIO QUINTANA

Muitas pessoas fracassam porque não sabem fazer as perguntas certas. Não têm dinheiro, e ainda assim não fazem as perguntas que poderiam levá-las à prosperidade. Preferem ser pobres a ter de tomar qualquer iniciativa.

Faça as perguntas corretas e o mundo se colocará a seus pés. Cale-se e o fracasso baterá à sua porta mais rápido do que você imagina.

Quando alguém diz que está se dando bem em um negócio, as pessoas esquecem-se de fazer-lhe uma simples pergunta: "Afinal, que negócio é esse?". O mais comum a essas pessoas é ouvir sobre seu sucesso, demonstrar um falso interesse e, depois, pelas costas, contestar, duvidar e desmerecer tudo o que ouviram.

Essa é uma postura de derrotados. Vencedores nunca menosprezam nenhuma possibilidade de desenvolvimento pessoal.

Se você quer ter sucesso, aprenda a fazer as perguntas certas. Quando alguém lhe disser que tem um negócio próspero e está ganhando muito dinheiro, pergunte-lhe o que ele faz, como é esse negócio, como ele trabalha e se há possibilidade de ampliar ainda mais o empreendimento.

Pegue essas informações e veja se podem ser aplicadas em seu próprio negócio, em seu trabalho, ou mesmo se há a possibilidade de agregar o que aquela pessoa faz ao que você está fazendo em seus negócios.

Contudo, há ainda outra dica: você não precisa esperar que alguém lhe diga algo para depois fazer perguntas. Um vencedor costuma tomar a iniciativa quando sente a oportunidade de ampliar seus negócios.

Existem duas simples perguntas sempre adequadas e que nunca falham para um contato inicial: "De onde você é?" e "O que você faz?". A partir disso, o resto da conversa fluirá naturalmente e você poderá obter todas as informações necessárias ao seu crescimento.

Quando vou a um restaurante, por exemplo, falo com quem me atende e com as pessoas que freqüentam o local. Se for com o garçom, a primeira coisa que lhe pergunto é o seu nome e, então, passo a tratá-lo pelo nome. Depois pergunto sobre as pessoas que freqüentam o estabelecimento, há quanto tempo ele existe, o nome do dono e tudo mais que eu quiser saber. Pergunto sobre a família da pessoa com quem estou conversando e assim vou coletando informações preciosas para meus negócios.

É tudo muito simples. Faço perguntas, as pessoas me respondem e, assim, coleto material de trabalho — sendo do ramo de vendas, meus negócios envolvem pessoas; então, quanto mais pessoas eu conhecer e obtiver informações sobre elas, mais potencial terei para fazer novas vendas, para conseguir novos parceiros e ampliar, desse modo, meu faturamento.

Por isso pergunte sempre, ouça atenciosamente as respostas e veja se o que você ouviu poderá ajudá-lo em seu negócio.

Aprenda a fazer as perguntas certas para as pessoas certas e seus negócios irão prosperar a olhos vistos. Lembre-se: perguntar não ofende e não existem perguntas idiotas.

Tenha orgulho de ser vendedor

Qualquer um é capaz de pintar um quadro. Mas só um gênio é capaz de vendê-lo.

SAMUEL BUTLER

No Brasil existe um preconceito enorme com vendedor. Por esse motivo, as pessoas arrumam os mais diversos títulos para explicar o que fazem quando trabalham com vendas. Definem-se como "consultores de venda", "representantes comerciais", "gerentes de negócios", entre outras denominações. Tudo, menos "vendedores".

Em meu cartão de visita está escrito "vendedor". No começo também tinha preconceito com a palavra "vendedor", mas aprendi a ter orgulho de minha profissão. Vou contar-lhe como foi.

Um dia fui convidado a dar uma palestra nos Estados Unidos. Peguei o avião para Los Angeles e, na poltrona ao lado da minha, havia um senhor de aparência simpática. Puxei conversa com ele e descobri que era professor de uma das maiores universidades do Brasil. Ele também me perguntou o que eu fazia. Falei que era presidente de uma corporação. E então ele insistiu na pergunta:

— Sim, mas o que você faz exatamente?

— Compro produtos de uma empresa e revendo.

— Ah! Então você é vendedor?

Meio indignado, expliquei-lhe o que fazia, mostrei as chaves da minha Ferrari e disse que ganhava mais de 100 mil dólares por mês, uma forma de mostrar a ele que uma pessoa com um salário desses e uma Ferrari na garagem não é um simples vendedor.

— Mas, se você compra e vende produtos, então é um vendedor — reiterou ele.

Comecei a ficar meio chateado porque estava descobrindo, àquela altura da minha vida, mesmo depois de ter alcançado tanto sucesso em meus negócios, que não passava de um simples vendedor. Então aquele senhor virou-se para mim, com muita seriedade, e disse:

— Pedro, não entendo por que é que você está assim tão chateado. Você já tentou me explicar que não é vendedor umas dez vezes, de dez maneiras diferentes. Mas você é um vendedor. Preste atenção no que vou dizer e me responda: Se tirássemos todos os advogados do mundo por um dia, o que aconteceria?

— Alguns transtornos, com certeza, mas nada que não pudesse ser contornado — respondi.

— E se tirássemos todos os engenheiros do mundo por um dia, o que aconteceria?

— Nada de grave também — concluí.

E assim ele foi exemplificando, citando uma e outra profissão, até que finalmente disse:

— Imagine agora se a gente tirasse do mundo, por apenas um dia, todas as pessoas que vendem alguma coisa. O que aconteceria?

— O mundo pararia! — foi o que respondi.

Então ele concluiu:

— Por aí você vê como os vendedores são importantes no mundo. Então, por que você tem vergonha de dizer que é vendedor?

Foi nesse momento que disse a mim mesmo, espantado, — Caramba! Eu sou mesmo um vendedor e tenho que ter orgulho disso!

Na viagem de volta para o Brasil, disse a mim mesmo que nunca mais teria vergonha de dizer a ninguém que eu era um vendedor. E quando cheguei em casa, ao encontrar uma vizinha, não tive dúvida:

— Você sabia que sou vendedor? — disse a ela com orgulho.

— Não acredito — disse espantada. — Não com esses carros em sua garagem e morando na cobertura. Você não é um vendedor. Você é um "distribuidor"!

— Não, não! Você não entendeu. Eu sou um vendedor mesmo.

Expliquei a ela que tipo de produto eu vendia.

— Nossa! Há muito tempo uso esses produtos. Mas como não sabia que você os vendia, procurei um vendedor de quem eu pudesse comprar.

Muitas vezes a gente se disfarça em uma coisa que não queremos. Usamos um disfarce para dizer que não somos vendedores, mas sim distribuidores, gerentes, representantes, e as pessoas vão comprar dos nossos concorrentes. Se você quiser mesmo ter sucesso na vida, não tenha vergonha daquilo que você faz e é. A sinceridade é uma poderosa arma que pode lhe trazer como recompensa muita prosperidade.

■ Coloque em prática as fórmulas dos vencedores

Encontrar uma boa fórmula não basta. É preciso não a abandonar.
ANDRÉ GIDE

Existem muitas fórmulas para se chegar ao sucesso.

Ao longo de minha ascensão profissional, no entanto, adotei cinco fórmulas que me ajudaram a conquistar meus objetivos.

1ª) Estar sempre disposto a aprender

Se ouço algo que acho que pode ser bom para mim, incorporo esse ensinamento em minha vida.

É importante que não tenhamos preconceito de onde ou de quem tais ensinamentos vieram. Devemos ter em mente que um bom ensinamento de vida, às vezes, pode vir de alguém que talvez nunca imaginássemos que pudesse nos ajudar.

Não devemos subestimar as pessoas e as circunstâncias da vida para não perdermos nenhuma oportunidade de crescimento pessoal sequer. É essencial que estejamos sempre dispostos a aprender com os outros e com as situações que se nos apresentam.

Quando alguém acha que já sabe tudo, pára de aprender, pára de crescer, sabotando assim o próprio sucesso.

2ª) Estar sempre disposto a trabalhar

Se você tem horários limitados para trabalhar, pode desistir porque o sucesso vai passar longe de você. Ser próspero exige muito mais do que trabalhar das 8 horas da manhã às 5 horas da tarde de segunda a sexta-feira.

No que se refere a trabalho, nunca tive limite de horário. Para mim, toda hora é hora de trabalhar. Por isso, se alguém que trabalha comigo me ligar às 4 horas da manhã, jamais vou atender ao telefone bravo ou resmungando.

3ª) Sempre se qualificar para tudo o que for fazer

Todas as empresas têm metas a serem cumpridas e impõem metas a seus funcionários, parceiros e colaboradores.

Sempre persiga essas metas se quiser chegar ao sucesso. Sempre procure se qualificar em tudo o que for proposto como meta para seus negócios.

Tenho por hábito me qualificar para todo novo empreendimento em meu trabalho. Jamais deixo de me qualificar para um novo desafio.

Nunca desista de se qualificar para atingir uma meta com mais sucesso e qualidade. Jamais diga "eu não consigo" ou "isso é demais para mim". Corra atrás de seus objetivos e cumpra suas metas com excelência.

Muitas vezes você irá perceber que, mesmo não atingindo a meta, só o fato de ter tentado já será um significativo avanço em direção ao sucesso. Afinal, se você mirar a Lua, caso não atinja o alvo, mesmo assim estará entre as estrelas.

4ª) Cumprir metas

Se você tiver de falar com dez pessoas sobre determinado assunto, reúna-as em uma sala e fale com todas ao mesmo tempo, em vez de gastar três horas com cada uma delas. E o restante do tempo você estará livre para cuidar de outros aspectos do seu negócio.

Há pouco tempo fiz uma reunião de duas horas, em São Paulo, com 250 pessoas. Poderia ter optado por fazer reuniões individuais com cada um dos participantes, mas isso levaria um ano. Se meu objetivo era passar informações necessárias para essas pessoas, já o cumpri. E isso me deu muito mais tempo para focar outros assuntos da empresa.

5ª) Fazer tudo o que estiver ao seu alcance

Algo muito importante para se alcançarem os objetivos é fazer tudo o que estiver ao seu alcance, acreditando que as coisas sempre poderão ficar melhores do que estão.

Em Portugal, as pessoas têm o costume de dizer: "Está ruim, mas vai piorar". Estranha essa atitude, não acham? Esse comportamento não combina com vencedores. Devemos acreditar que se as coisas estão ruins elas vão melhorar, e se estão boas vão melhorar ainda mais.

Gosto de um ensinamento japonês que diz: "Hoje é melhor do que ontem e pior do que amanhã". Esse é o princípio da melhora contínua.

Sempre que pergunto a alguém como estão as coisas e ouço como resposta que estão ruins, respondo: "E se você se queixa, piora!".

As pessoas que esperam o melhor da vida e sempre estão otimistas quanto ao presente contagiam os que estão à sua volta e geram mais sucesso a todos.

Permita-se errar

O sucesso é ir de fracasso em fracasso sem perder o entusiasmo.

Winston Churchil

Quando você não se permite cometer erros, acaba cometendo o maior deles: não ousar.

O sucesso exige ousadia, exige arrojo, exige meter a cara por caminhos nem sempre fáceis e — por que não? — amargar algumas derrotas duras, mas essenciais para a experiência necessária a um vencedor.

Se você já está cansado de ouvir frases do tipo "Só não erra quem não faz!", "Errar faz parte!", "Você só aprende errando!", então está na hora de aprender a usar a lição que elas ensinam.

As pessoas só aprendem com os próprios erros e experiência. Ninguém aprende com erros e experiência dos outros, pois, se assim fosse, bastaria seguir o que seu pai e sua mãe dizem e tudo estaria resolvido. Ou tudo estaria perdido, se as experiências de seus pais não os levaram ao sucesso.

O ser humano está programado para acreditar somente em suas experiências. Depreende-se daí que sem o erro não haverá crescimento, aprendizagem e descoberta; ou seja, sem o erro é impossível alguém se tornar um vencedor. Precisamos aprender com os erros.

É preciso aceitar naturalmente que erramos como todo mundo, mas que também acertamos como todo mundo.

Aceitar o erro e não fazer dele um monstro, um tabu, faz parte da jornada rumo ao sucesso.

Agora uma coisa deve ficar bem clara: não devemos cometer o mesmo erro mais de uma vez, porque isso será um sinal evidente de que nada foi aprendido com ele.

Cada vez que você cometer um erro, aprenda com ele e procure não repeti-lo.

Tenha prazer em trabalhar

O único lugar onde o sucesso vem antes do trabalho é no dicionário.

ALBERT EINSTEIN

Muitas pessoas querem colher os louros da vitória sem ter de enfrentar os desafios que ela exige.

Há profissionais sensacionais que adoram seu trabalho. Muitas vezes chegam a viajar milhares de quilômetros apenas para participar de alguma convenção. E algumas vezes têm de voltar no mesmo dia. Mas, se você perguntar onde eles gostariam de estar naquele exato momento, a resposta provavelmente será: "Aqui nesta convenção".

Conheço um casal de cirurgiões dentistas extremamente dedicados ao que fazem: Implantodontia. Por amarem o que fazem, eles trabalham horas a fio de modo incansável. Ministram cursos em respeitadas entidades de ensino e ainda encontram tempo para participar praticamente de todos os congressos importantes da categoria. Em um desses congressos, conheceram pessoas de muito sucesso na área que lhes abriram as portas de uma universidade de renome mundial para que realizassem importantes pesquisas no campo de enxertos ósseos.

Percebe-se assim que, para que as boas oportunidades surjam, é preciso realmente gostar do que se faz.

Para se ter sucesso de verdade, acredito que as pessoas precisam encarar seu trabalho como um *hobby*, como um prazer. Um *hobby* é aquilo que você normalmente faz em seu tempo livre, em sua hora de folga, pelo simples prazer de fazer. E, pelo fato de fazer por prazer, acaba fazendo melhor.

É como olhar um músico talentoso tocar. O guitarrista britânico Eric Clapton, por exemplo, faz milagres com o instrumento na mão. Ele é insuperável em seu estilo. Então quando você ouve alguém dizer "Se eu fosse rico como esse cara, não iria perder meu tempo tocando em shows", vê claramente que essa pessoa não percebeu que ele não toca mais por dinheiro, pois não precisa mais disso, mas sim porque gosta, porque sente prazer em fazer isso. E é por isso que ele é tão bom no que faz e, conseqüentemente, tão rico.

Se você gosta de escrever, é bem provável que vá escrever muitos livros e cada vez melhor; se gosta de ler, que vá ler cada vez mais; se gosta de tocar, que vá tocar cada dia com mais mestria; se gosta de jogar bola, que vá se tornar um craque.

Quando você sente que seu trabalho é como um *hobby*, isto é, quando sente prazer naquilo que faz, está a caminho do sucesso, da prosperidade e da felicidade.

Seja determinado

Bom mesmo é ir à luta com determinação, abraçar a vida com paixão, perder com classe e vencer com ousadia. Pois o triunfo pertence a quem se atreve.

Charles Chaplin

Pessoas determinadas não desanimam quando os problemas aparecem. Elas possuem um objetivo claro e o poder de colocar sua energia na realização desse objetivo.

Pessoas determinadas não vacilam nem põem em dúvida sua capacidade quando os problemas aparecem. Aliás, geralmente elas crescem em tais situações.

Enquanto outros se sentem desanimados, as pessoas determinadas mostram-se ainda mais energizadas. Enquanto os outros ficam paralisados diante das dificuldades, o cérebro delas fica mais ativo em busca de soluções.

O grande problema é que muitas não sabem aonde querem ir. Querem vencer, mas ainda não vêem com clareza qual é a missão que vai fazê-las permanecer na trilha certa. Ainda não têm idéia de que desejam realmente o sucesso.

É preciso ter bem definido qual é a missão que norteia a sua vida para a vitória. O sucesso será apenas a conseqüência, não é a razão da sua busca.

Ninguém chegou a ter sucesso simplesmente querendo sucesso. A maior parte o alcançou porque fez alguma coisa diferente de um modo especial. Alguns eram bons atores, outros bons escritores, outros, ainda, bons jogadores de futebol, mas todos eram bons em alguma coisa e por isso chegaram lá.

Portanto, o primeiro passo é descobrir sua missão de vida e o que o sucesso significa para você. E então fazer tudo o que for necessário para obtê-lo.

O sucesso verdadeiro não se limita àquilo que você quer apenas para si mesmo. Em um primeiro momento até pode parecer assim. Mas, à medida que caminhar em direção à realização de seus sonhos, vai perceber que o verdadeiro sucesso é construído quando se vislumbra algo muito maior que você.

É preciso estar envolvido em algo socialmente necessário, é preciso ter consigo a sensação de estar fazendo a diferença no mundo. É preciso ter claro qual é o valor real de sua missão.

A partir daí, você tem uma escala de prioridades que funciona da seguinte forma: primeiro a missão, depois o grupo, depois o indivíduo.

Explico: primeiro, você precisa ver se aquilo que faz está dentro da sua missão. Por exemplo, se sua missão é promover a saúde das pessoas, você não pode ter um negócio de venda de cigarros.

Segundo, é preciso ver se estamos ajudando o grupo de parceiros que estão conosco nessa missão. Se você não respeitá-los, se estabelecer uma competição desleal com eles, estará criando certa instabilidade, certo desequilíbrio em sua busca pelo sucesso.

Terceiro, é necessário cuidar dos seus interesses individuais. Cuidar daquilo que você precisa construir para atingir suas metas.

Agindo dessa maneira não existe a possibilidade de seus negócios darem errado. E seu sucesso será muito mais satisfatório e completo.

O que vejo muita gente fazer é exatamente o inverso disso que expliquei. Pensam: "Primeiro eu; o grupo que se dane e a missão pode ser qualquer uma, desde que eu me dê bem na vida". Só que assim nunca vão se dar bem.

Se a sua missão está definida e você respeita essas prioridades — missão, grupo, indivíduo —, o sucesso é uma conseqüência inquestionável.

Você só precisará ter determinação em sua jornada, uma vez que suas vitórias virão como conseqüência de várias pequenas coisas feitas todos os dias, na direção certa e pelo tempo necessário, para que comecem a dar frutos.

Aprenda a lidar com as derrotas

O insucesso é apenas uma oportunidade para recomeçar com mais inteligência.
Henry Ford

As dificuldades são o manual prático do sucesso e os fracassos são os capítulos mais estimulantes.

Sempre conheci gente que venceu na vida e gente que fracassou. Aprendi com elas que ninguém vive só de vitórias, porque algumas derrotas são inevitáveis na vida de todos nós. Mas entendi também que o mais importante é a maneira como a pessoa se comporta diante de uma derrota.

É isso mesmo, já que, na verdade, você vai aprender muito mais com as dificuldades e as derrotas. É disso que vem a prática do sucesso. As coisas boas pouco nos desafiam e nos ensinam.

Quando se está "subindo" (progredindo), tudo é bastante parecido para todo mundo. Hoje você tem uma casa nova, depois um negócio novo, um carro novo. É igual para todo mundo.

Mas é na "descida" — nos momentos de crise — que o caráter se mostra e também se molda. É aí que você demonstra seu caráter e passa a se conhecer melhor. É quando vai aprender a cair sem se machucar ou vai se arrebentar todo no chão, se ainda não estiver bem preparado.

Por tudo isso que falei, se você está vivendo uma fase difícil, aproveite para tirar uma lição dessa situação. Analise cada momento difícil, porque eles são os melhores instrutores da sua vida.

Lembre-se da frase popular que diz: "É na queda que o rio gera energia".

As pessoas que se desesperam irão desanimar amanhã ou depois. As que aprendem com as derrotas vão acordar toda manhã desejando uma nova oportunidade para mostrar do que são capazes.

No livro da vida, os melhores capítulos nascem das derrotas. Por isso, pare de se lamentar e aprenda a lidar com as dificuldades. Elas serão seu passaporte para o sucesso.

■ Aja para resolver os problemas

É muito menos difícil resolver um problema do que expô-lo.

JOSEPH DE MAISTRE

Um problema não se resolve apenas conversando ou falando sobre ele.

Muitos acham que, quanto mais gente souber de determinado problema, mais fácil será encontrar uma solução para ele. E esse é um engano que costuma custar muito caro. Além de dificultar que se encontre mais rápido sua solução, ainda se tornam públicos assuntos que normalmente só dizem respeito às pessoas envolvidas naquela situação.

Você conhece a história do corno arrependido? Deixe-me contá-la para você.

Lineu chegou em casa fora do horário habitual e encontrou sua mulher na cama com outro. Foi um choque.

Mas, passadas as ofensas iniciais e as agressões próprias do momento, Lineu resolveu que difamar a esposa seria a solução para o seu problema. E passou a contar o ocorrido para toda a vizinhança.

Porém, quando falava do acontecido, insistia em dizer que sua mulher era uma vagabunda. Mas o que todos viam era apenas que ele era um chifrudo. Quanto mais ele falava do assunto, mais os galhos apareciam em sua cabeça.

E, como em todos os casos que levam a essa situação, o casal tinha problemas mal resolvidos em seu relacionamento. Conversaram a respeito, se entenderam e decidiram continuar juntos.

Mas Lineu nunca mais perdeu a fama de chifrudo.

Então é isso que quero dizer quando afirmo que nenhum problema se resolve pelo simples fato de mais gente saber sobre ele. Muito pelo contrário, as coisas podem se complicar ainda mais.

É uma pena que a maioria das pessoas não esteja habituada a resolver problemas. Costumam falar sobre eles, reclamar deles, lamentar-se de sua situação, mas não sabem como resolvê-los.

Resolver problemas pode ser muito simples se você seguir alguns passos básicos.

Primeiro passo: analisar os fatos e pensar sobre o problema. Mas isso tem de ser algo bem rápido. Deve levar apenas alguns minutos.

Muita gente emperra nessa fase e fica analisando o problema indefinidamente, sem chegar a lugar algum.

Por exemplo: qual é o problema? Levei um par de chifres. Pronto. Está definido. Não tem mais que ficar pensando sobre isso.

Segundo passo: levantar as prováveis soluções. Lembre-se de que, para fazer isso, você deve fixar sua atenção na busca de soluções e não no problema em si.

Quais são as soluções possíveis do exemplo que citei? Vou conversar sobre o assunto com minha esposa, vou me separar, vou tirar satisfação com o cara... Levante o máximo de alternativas possível.

Terceiro passo: escolher as duas melhores alternativas para a solução do problema e descartar as outras.

Elimine uma a uma as alternativas que lhe pareçam absurdas, impraticáveis ou inconvenientes. Fique somente com as duas melhores opções.

Quarto passo: tomar uma decisão. Analise cuidadosamente as duas alternativas que restaram e decida por uma delas. É importante lembrar que nunca haverá uma situação de cem por cento de importância para uma das opções que você selecionou. A tendência maior é sempre para um equilíbrio das duas alternativas. Mas tenha em mente que 51% vence a eleição.

Então, a partir do momento que você tiver 51% para um dos lados, estará tomada a sua decisão. E ponto final. Você vai decidir e vai ter de viver feliz com o resultado que escolheu.

Quinto e último passo: anunciar sua decisão. Finalmente, com a decisão devidamente tomada, anuncie sua resolução. Não fale nada sobre o problema antes de tomar sua decisão. Não faça comentários sobre o assunto antes de ter a solução.

Quando você segue esses cinco passos, protege todos os envolvidos no problema, incluindo você mesmo, e tem a chance de chegar a resultados muito mais satisfatórios.

Se Lineu tivesse seguido esses passos, não teria comentado o caso com ninguém e seu problema teria sido resolvido em casa, apenas entre ele e a esposa. E não se tornaria conhecido por todos como chifrudo.

Tenha atitudes corretas

Quem acolhe um benefício com gratidão, paga a primeira prestação da sua dívida.
SÊNECA

Atitude é tudo na vida. Ela define o que você é e tem e o que poderá vir a ser e ter.

Uma das atitudes mais dignas que se pode ter é a de gratidão pelo que já se possui. Isso não quer dizer que você deva ser um conformista acomodado, que aceita apenas o que já conquistou em sua vida sem se lançar em busca de coisas melhores.

O fato é que, quando você é grato pelo que tem, dizendo ao universo que aprecia o que recebeu, acaba se colocando em uma postura de aceitação que lhe abrirá novas portas e lhe trará novos ganhos.

Uma atitude que considero correta é a que chamo de estar sempre "descontentemente feliz". Ou seja, você tem de estar feliz com o que já conquistou para conseguir ir em busca de novas conquistas.

Tem gente que nunca está contente com o que tem, atraindo dessa forma mais fracasso e descontentamento.

Se você acha que só vai ser feliz quando atingir seu próximo objetivo, é quase certo que nunca vai ser feliz, porque quando chegar ao ponto desejado, já vai ter um próximo para atingir, e depois mais um próximo, e mais outro e mais outro. Isso nunca terá fim, o que o deixará sempre insatisfeito com o que conseguiu no momento.

Se você hoje mora em um apartamento pequeno e quer um maior, o primeiro passo é sentir-se verdadeiramente feliz por morar ali, porém sem perder de vista que sua meta é mudar-se para um apartamento maior. Não deixe para ser feliz apenas quando tiver mudado para esse novo apartamento. Seja feliz já.

Seja "descontentemente feliz". Esteja sempre feliz com o que você possui enquanto perseguir aquilo que ainda não tem.

■ Use corretamente o poder da palavra

A palavra foi dada ao homem para explicar os seus pensamentos e, assim como os pensamentos são os retratos das coisas, da mesma forma as nossas palavras são retratos dos nossos pensamentos.

JEAN MOLIÈRE

Já falei sobre isso, mas não custa repetir: cuidado com o que você diz. Atenção ao poder da palavra.

Quando você diz repetidamente palavras positivas, sua vida se transforma para melhor, exatamente como você fala. Mas se você resolver falar que as coisas estão ruins, não tenha dúvida de que sua vida não vai progredir.

O universo lhe dá aquilo que você mentaliza. Tudo que você aceita como verdade, de modo consciente ou inconsciente, o universo entende como uma ordem. E a cumpre rigorosamente. É apenas uma questão de tempo.

Sua boca fala sobre o que está em seu coração ou em sua mente. E o que você fala influi no que vai estar em seu coração e em sua mente. Por isso, tome o cuidado de somente dizer coisas boas, positivas e construtivas.

Você precisa acreditar que tudo vai dar certo. Seja animado. Ouça pessoas positivas e vencedoras e se torne uma delas. Ninguém quer estar perto de pessoas negativas, que por sinal são muito chatas. Todo mundo vai querer estar ao seu lado se você se tornar alegre, divertido e positivo. E esse será um passo fundamental que você dará em direção ao seu sucesso.

Deixe-me ensinar a você um pequeno truque: sempre que alguém lhe perguntar como estão as coisas, diga sem pensar "Ótimas! Fantásticas! Incríveis! Nunca estiveram tão bem, e ainda vão ficar melhores!". O universo conspirará para que tudo isso, de fato, aconteça.

Faça primeiro o que você não gosta

Você precisa colocar o esforço necessário no lugar certo, nas coisas certas e na hora certa para conseguir o sucesso.
IONAZ

Normalmente as pessoas deixam para depois aquilo que acham chato ou que dará muito trabalho.

Quando você tem objetivos em sua vida, precisa dar prioridades a suas ações e, depois, seguir essas prioridades. É o que chamo de concentrar-se em seus objetivos.

Até é possível fazer várias coisas em seu dia, desde que você tenha bem clara a prioridade de cada uma delas. A partir daí, mantenha-se ligado naquilo que tem de fazer primeiro. Mas nós sabemos que nem sempre é assim que acontece, não é mesmo?

Por exemplo: sua agenda tinha uma lista de prioridades para o dia de ontem. Você acordou cedo, tomou seu café e depois preparou tudo para começar a trabalhar. Pegou aquela lista de tarefas e compromissos e resolveu atacá-la com vontade. Leu cada um dos itens agendados e escolheu um para começar. Qual foi o item que você escolheu primeiro?

Sou capaz de apostar que foi uma tarefa que lhe dá prazer ou, no mínimo, uma que você não odeia. Certo?

Mas e as prioridades que você havia traçado? "Ora, as prioridades... Só tem coisa chata para fazer entre as mais urgentes!".

E é assim que a maioria das pessoas funciona. Quando se trata de coisas prazerosas, ninguém quer adiar. Quanto antes as fizerem, melhor. Contudo quando são aquelas coisas chatas... ficam invariavelmente para o fim da lista.

E como o dia só tem 24 horas, elas acabam ficando por fazer e vão engrossar sua agenda para o dia seguinte. E, talvez, sejam adiadas para os dias posteriores, até uma hora em que você for intimado a fazê-las. Logo, você precisa ter compromisso e disciplina para não se deixar apanhar nessa armadilha.

Mas não se preocupe. Existe um truque muito simples que vai ajudá-lo a não adiar o que é importante: acostume-se a fazer as coisas de que você não gosta em primeiro lugar. E deixe o que lhe dá prazer para fazer depois.

É como comer um sanduíche. Você pode até comer o primeiro inteiro, mas quando resolve comer o segundo, em geral acaba deixando sobrar o pão. Então, se você começar a comer o sanduíche pelo pão, no final vai sobrar a parte mais gostosa dele, o recheio. E você acaba comendo tudo porque não vai deixar a melhor parte de lado, certo?

Para evitar adiar coisas importantes, habitue-se a sempre fazer pela manhã as coisas de que você gosta menos. E deixe para o final do dia aquilo que lhe dá mais prazer. Você verá que dificilmente vai voltar a deixar para amanhã o que pode fazer hoje.

Conquiste o apoio das pessoas que você ama

O matrimônio é a única união que o tempo pode fortalecer.
ÉMILE-AUGUSTE CHARTIER

Ao lado de todo homem de sucesso sempre há uma mulher de sucesso. E vice-versa. E ambos sempre buscam juntos seus ideais.

Tenho um amigo que sempre repete uma conhecida frase: "O casal perfeito não é aquele em que os companheiros apenas olham um para o outro, e sim aquele em que ambos olham para a mesma direção".

É muito importante, para mantê-lo centrado em seus objetivos, que você tenha o apoio das pessoas a quem ama.

Há muita esposa que diz para o marido: "Tudo bem que você quer conseguir sucesso. Tudo bem que você saia para trabalhar e fazer nossa fortuna. Mas trate de voltar para casa antes das 6 horas da tarde".

Isso não existe! Se você quer prosperar, não pode se limitar a horários nem a trabalhar apenas seis ou oito horas por dia.

Você já se imaginou dedicando-se a um negócio com o objetivo claro de ter sucesso e ouvindo as pessoas lhe dizerem: "Pare com isso! Para fazer esse negócio dar certo você chega tarde em casa todo dia, mal vê seus filhos, mal tira folgas, mal faz isto, mal faz aquilo!"?. Será que você consegue manter o foco dessa maneira?

As pessoas de sucesso geralmente conseguem fazer com que aqueles que estão à sua volta entendam seus objetivos e métodos. Os cônjuges dessas pessoas costumam dizer: "Vá em frente, meu amor. Vai dar certo e vai valer a pena!". E isso as ajuda muito a se manter centradas em seus objetivos.

É claro que dá muito mais trabalho prosperar quando há pessoas que nos puxam para trás. Então, cuide de conquistar aqueles que estão ao seu redor para aquilo que você faz. Essa é uma das tarefas fundamentais para quem quer chegar ao sucesso.

Faça as coisas antes de ter necessidade de fazê-las

Não podemos aguardar que os tempos se modifiquem e nós nos modifiquemos junto... Nós mesmos somos o futuro.

BEATRICE BRUTEAU

Na maioria das vezes as pessoas só fazem aquilo que é urgente, raramente antecipando algum trabalho ou planejando alguma situação futura.

Quando têm alguma reserva de dinheiro, o que costumam fazer? Vão gastando sem nenhum planejamento até o dinheiro terminar. Só quando não sobrou mais nada é que vão pensar em como conseguir mais dinheiro ou em como vão se virar para pagar as contas do mês seguinte.

Você já sabe que todo ano tem Natal, não sabe? Sabe que todo ano tem Páscoa, não é mesmo? Também sabe que vai ter de dar presentes no Natal e ovos de chocolate na Páscoa. Sabe que vai haver aqueles almoços e ceias especiais nesses dias. Então você precisa estar preparado para essas datas com antecipação. Não adianta você querer o dinheiro para essas despesas somente na véspera. Terá de ir se preparando para pagar essas contas.

É muito importante que você se programe a médio e longo prazo para não ser pego desprevenido nesse tipo de situação.

Se você organiza algum evento, não dá para mudar as coisas no dia ou na véspera do acontecimento. Não vai dar certo. Tudo tem de ser antecipadamente programado para que saia algo bem-feito.

Quando você pensar em sua vida, será bem melhor se tentar antever como será seu ano, tendo em mente tudo o que pretende fazer naquele ano.

É muito mais simples chegar ao sucesso quando se tem tudo planejado, tudo sob controle, agindo com antecipação dentro daquilo que é possível prever. Assim, se você percebe a mínima chance de que seus negócios venham a ter algum problema em um futuro próximo, agindo com rapidez você poderá anular isso ou minimizar seus efeitos. Ou quem sabe até mesmo mudar completamente de rumo, se for o caso.

O que é preciso compreender é que tudo o que fazemos hoje terá seu reflexo num futuro. Então, tudo o que pudermos antecipar hoje minimizará os efeitos danosos num futuro. Por exemplo, se você percebe que existe uma boa probabilidade de passar por dificuldades financeiras em médio ou longo prazo, se trabalhar com afinco para enfrentar essas dificuldades, com certeza sua recuperação será bem mais rápida ou talvez nem mesmo tenha de enfrentar esse obstáculo. Tudo é uma questão de planejamento.

Tente se planejar antes de ter realmente necessidade de agir. Programe-se enquanto você está mais forte. E quando surgir a adversidade, com certeza você vai estar preparado para enfrentá-la.

Os sete motores do sucesso

O sucesso os encoraja: eles podem, porque pensam que podem.
VIRGÍLIO

É bem provável que, a esta altura, você já tenha colocado o pé na estrada do sucesso e que esteja a caminho de se tornar um novo milionário. Afinal, você já tem quase todas as ferramentas necessárias a seu alcance.

Então, é hora de acelerar sua viagem porque cada minuto é valioso. Quanto mais rápido você atingir suas metas, mais rápido desfrutará seu novo estilo de vida.

Apresento-lhe agora os sete "motores do sucesso", as ferramentas decisivas para ajudá-lo a atingir mais rápido o estilo de vida que sempre sonhou. Use-as com determinação. E, depois, vamos nos encontrar para comemorar nos melhores hotéis e restaurantes do mundo todo.

1. Observar os campeões, aprender com eles e compartilhar o que aprender

É fazendo que se aprende a fazer aquilo que se deve aprender a fazer.
ARISTÓTELES

A melhor forma de ficar motivado é olhar para um campeão. Campeões despertam o que há de melhor em nós mesmos. Eles nos inspiram a nos tornarmos vencedores. Por isso, observe-os, aja como eles e se torne um deles.

Você pode usar a roda do modo como ela foi inventada ou tentar inventá-la novamente com outro formato. O que lhe parece mais coerente? O que lhe parece mais prático e eficiente?

Por isso, observar os campeões é uma das formas mais eficazes de se aprender como se chega ao sucesso. Eles sabem o que funciona porque já chegaram lá.

Use as fórmulas dos campeões para moldar sua vida. Coloque em sua atitude sua personalidade e acredite no sucesso.

Tudo aquilo em que acreditar vai funcionar para você. Quando você olha para um campeão e vê nele a prova viva de que o método dele funciona, isso aumenta sua crença naquele método. Portanto, ao analisar o comportamento dos campeões e empregá-lo em sua vida também, além de desvendar o caminho das pedras você adquirirá confiança no que estiver fazendo.

Entretanto depois disso tudo, compartilhe com os outros esse magnífico aprendizado. O universo conspira a favor daqueles que não demonstram egoísmo.

O grande segredo para se obter sucesso no trabalho é compartilhar aquilo que sabemos com nossos parceiros. Dessa forma, duplicamos tremendamente todas as chances de prosperidade em nossa vida, pois uma atitude altruísta nos abre as portas para o sucesso.

Por isso, tenha a coragem e a visão de um campeão, aprendendo sempre e compartilhando com os outros tudo aquilo que funcionar em sua vida.

2. Querer ser alguém na vida

O que interessa é desejar, por mais que nada haja de concreto.

ANTÓNIO GALA

Para ser rico você tem de querer isso de verdade, tem de desejar intensamente o sucesso, tem de querer ser vitorioso.

O que se percebe, na realidade, é que muitos apenas acham que desejam ser prósperos, mas, no fundo, não querem isso ou por medo ou por outro motivo qualquer. Essas pessoas não estão preparadas para serem ricas. Gostariam de ficar ricas, gostariam de ter dinheiro, de desfrutar tudo aquilo que o dinheiro pode proporcionar, porém não estão dispostas a fazer o esforço necessário para alcançar seus objetivos.

Se você entra em um jogo de futebol e não quer disputar a bola com os adversários, é bem pouco provável que faça um gol. Participe mais das jogadas e aumentará as chances de marcar um gol.

Então, deixe-me fazer-lhe algumas perguntas para ver se você realmente está se empenhando no jogo da vida:

- Você quer de fato ficar rico?
- Está disposto a trabalhar sábados, domingos e feriados?
- Está disposto a sacrificar sua folga no Natal e no ano-novo?

Se você vacilou ao responder, então pense comigo: consegue imaginar Richard Branson, criador do Virgin Group, dizendo a sua esposa: "Tchau, amor! Vou sair para fazer nossa fortuna, mas volto para casa antes do almoço"? Ou ainda: "Ah, meu bem! Por que vou me preocupar em abrir outra empresa se já temos tantas? Vai dar muito trabalho!"?

É óbvio que ele jamais teria uma atitude como essa. Aí você vai dizer: "Mas como é que Richard Branson, o homem mais rico do mundo, pode ter escolhido uma vida assim tão cheia de trabalho?".

Em primeiro lugar, ele é um dos homens mais ricos do mundo porque escolheu trabalhar com afinco. Em segundo lugar, ele tem uma vida assim provavelmente porque gosta, porque é assim que se sente cumprindo sua missão no mundo.

Normalmente todo mundo só costuma ver a parte do luxo, da ostentação, da abundância de bens materiais na vida dos ricos. São poucos os que sabem, no entanto, que a grande maioria dos ricos trabalha bem mais que os pobres.

Para se ter sucesso, para ser rico, para ser um vencedor na vida, antes de tudo você tem de ter uma visão bem clara daquilo que realmente quer e estar disposto a fazer qualquer sacrifício para conseguir seus objetivos. Precisa descobrir uma razão maior que você, que faça valer a pena o sacrifício, pois você vai precisar trabalhar duro para chegar aonde deseja.

Ter vontade de ser rico já é um começo. Atrele sua busca por fortuna a uma missão que dê sentido a sua vida e você vai conseguir mais vitórias do que jamais imaginou.

Agora que você já sabe tudo isso, pode optar por seu sucesso e decidir pagar o preço para ser rico. Posso lhe garantir que vale a pena!

3. Conquistar aliados para a sua causa

Ser grande é abraçar uma grande causa.
WILLIAM SHAKESPEARE

O sucesso é uma viagem em que você não vai sozinho. Pode perguntar para alguém de sucesso quem são as pessoas que estão à sua volta. Você notará que os vencedores, sem exceção, têm um time que joga com eles, um time de vencedores também.

Você tem de reunir à sua volta pessoas que tenham os mesmos ideais seus, que pensem do mesmo jeito que você, que sejam dedicados à mesma causa sua. E esse time o ajudará a subir na vida e você o ajudará a subir na vida também. Faça isso e verá seus resultados serem multiplicados muitas vezes em um período de tempo bem menor do que você pode imaginar.

Então, antes de qualquer coisa, você tem de ter uma boa causa. E depois convencer as pessoas sobre ela. É preciso mostrar que sua causa é realmente boa e que vale a pena lutar por ela.

Jesus Cristo fez tudo o que fez porque a causa dele era excelente. Por isso atraiu milhões de pessoas. Ele era bom e sua causa era boa. Então tudo aconteceu. E até hoje milhões de pessoas continuam a segui-lo.

Se sua causa não atrai ninguém, você tem de revê-la. Muitas vezes ela é complicada e você tem de explicá-la demais aos outros. Outras vezes poderá ser uma causa que só diga respeito a você mesmo, e aí vai ser difícil agregar pessoas a ela.

Procure ter uma causa que seja realmente boa, que atraia as pessoas, que diga respeito também a elas e você terá meio caminho andado. Venda sua causa para um grande número de pessoas e seu sucesso estará garantido.

Por exemplo, vivemos uma época em que muita gente está preocupada com a obesidade, considerada hoje a maior causa de morte prematura no mundo, além de estar intimamente ligada à insatisfação das pessoas consigo mesmas, o que gera a auto-estima baixa de muitas pessoas. Logo, qualquer empresa ou grupo que tenha sua causa ligada ao controle da obesidade conseguirá facilmente muitos adeptos. Será uma causa que irá atrair muita gente.

Com uma causa que beneficie muitos e que envolva um propósito nobre você terá um dos motores mais fortes para agregar pessoas em busca do sucesso.

Outra coisa importante: sua causa sempre precisa estar atrelada a algum tipo de esperança das pessoas. Quando você cria esperança, as pessoas passam a acreditar mais em sua causa, passam a confiar mais em você.

Quando sua causa se tornar também a causa das pessoas ao seu redor, você terá criado algo muito grande e muito forte. E será esse comprometimento que os levará ao sucesso.

4. Jogar sempre como se fosse decisão de campeonato

Nunca te é concedido um desejo sem que te seja concedida também a facilidade de torná-lo realidade. Entretanto, é possível que tenhas de lutar por ele.

RICHARD BACH

Normalmente as pessoas empurram com a barriga o trabalho delas, não entrando para valer naquilo que fazem.

Essas pessoas nunca chegam ao final de um campeonato, ou porque sempre são eliminadas, ou porque desistem da disputa antes de seu término. Por isso nunca sentem o gosto da vitória.

É preciso que você se prepare para todas as partidas como se fosse uma decisão de campeonato. Que jogue em cada uma como se fosse o último torneio de sua vida.

Tem muita gente que encolhe os braços e se recusa a lutar por seus sonhos. Também há aqueles que caminham muito devagar. É lógico que isso atrapalha muito a conquista dos objetivos.

Você quer ficar rico? Então tem de trabalhar cada dia com o máximo de empenho. Mas faça do trabalho um prazer e tudo vai fluir muito mais fácil.

Viva cada dia intensamente. Imagine que este pode ser o último dia de sua vida, mas também que você pode viver até os 100 anos. E então pergunte a si mesmo: "Se eu morrer amanhã, será que estou fazendo a coisa certa?" e "Se eu for viver até os 100 anos de idade, será que estou fazendo a coisa certa?".

Tenha sempre motivação para trabalhar por sua causa. Coloque seriedade e compromisso em todas as etapas de seu crescimento pessoal. Treine muito, prepare-se para jogar o melhor que sabe em todas as partidas da vida. Aprenda sempre mais e aprimore suas jogadas.

Lembre-se de que não existe jogo fácil. Não importa qual seja o desafio que você vai enfrentar, prepare seu melhor estilo e técnica. Entre em campo disposto a jogar para ganhar. Não deve existir corpo mole nessa partida. É sua preparação que vai fazer com que você chegue a um bom resultado.

Contudo em sua jornada ao sucesso, não se esqueça de duas coisas muito importantes: divirta-se muito enquanto joga e comemore efusivamente cada vitória.

5. Aprender a transformar o negativo em positivo

Mude seus pensamentos e você mudará seu mundo.
NORMAN VINCENT PEALE

A primeira coisa a aprender é que tudo tem um lado positivo e um lado negativo. A segunda é encontrar o lado positivo de todas as coisas.

Em tudo há algum aprendizado, em tudo há alguma lição, de tudo podemos tirar algum proveito. Depende apenas de como se enxerga a situação.

Se um copo está com água pela metade, você pode dizer que ele está meio vazio ou meio cheio. Depende apenas de como você encara a situação. Veja o relato a seguir.

Um bêbado entrou em uma palestra dos Alcoólicos Anônimos. No palco, um médico fazia uma demonstração: colocou dois vermes enormes, um em cada copo de vidro. No primeiro copo ele colocou água. No segundo copo colocou aguardente. Passados alguns minutos, o verme que estava na água continuava a nadar tranqüilo e feliz. Mas o do copo que continha aguardente já estava morto e em início de decomposição. Nesse momento, o médico virou-se para o público e perguntou:

— E então, meus amigos? O que vocês concluem disso:

E o bêbado, mais do que depressa, respondeu:

— Quem bebe nunca vai ter vermes na barriga!

Para tudo há sempre dois lados: um negativo e um positivo. Depende do que você procura ver em cada situação. E normalmente, mesmo que de modo inconsciente, as pessoas procuram ver aquilo que lhes convém, que está de acordo com suas crenças.

Procure ter crenças positivas, construtivas e sempre se associar a gente que busca o lado positivo das coisas. Esse é o caminho para o sucesso e a fortuna. Esse comportamento fará uma diferença enorme em sua vida.

Lembro perfeitamente quando comprei a minha primeira Ferrari. Ela era o meu xodó, era algo de que eu gostava muito.

Um dia fui à casa de um amigo e quebraram o vidro da minha Ferrari e roubaram minha bolsa lá de dentro, com todos os meus cartões de crédito, passaporte, tudo. E ainda tinha uma pedra dentro do carro, cheia de lama, vidro quebrado sobre os bancos e o alarme tocando. Foi uma cena desoladora.

Porém, enquanto todos os meus amigos se puseram a lamentar, eu comecei a procurar um lado positivo naquela situação. Porque eu tinha comigo a certeza de que havia um lado positivo naquilo.

Foi então que percebi. Eu poderia estar lamentando que alguém houvesse quebrado o vidro de um carrinho barato qualquer que eu tivesse. Mas, não! Eu estava ali olhando para o vidro quebrado da minha Ferrari. Isso queria simplesmente dizer que *eu tinha uma Ferrari*. Aquela situação estava me chamando a atenção para o fato de que eu havia conseguido realizar o meu maior sonho de criança. Era esse o lado positivo daquela situação. Era eu tomando consciência da minha própria vitória.

Existe uma coisa que você precisa entender se quiser ser bem-sucedido na vida: em seu caminho você sempre vai encontrar pessoas em melhor situação e outras em pior situação que a sua. É bem provável também que se você olhar muito para baixo seja atraído para lá. Então, aprenda a olhar sempre para cima. Isso não significa ignorar a pobreza, não significa menosprezar as pessoas pobres. Todavia você pode ajudar essas pessoas e ainda assim não perder de vista o que almeja, ou seja, a riqueza.

Então, habitue-se a olhar sempre para cima e fixe sua vista na riqueza. Mantenha sempre em sua mente que o sucesso e a riqueza são conseqüências de tudo o que você faz. São resultados das pequenas coisas que você faz em seu dia-a-dia. Por isso é fundamental que você aprenda a transformar as coisas negativas de sua vida em positivas, a transformar medos em oportunidades.

Tente sempre ver as oportunidades que se escondem nos problemas e não acreditar que toda oportunidade esconda um problema. É fundamental que você tenha em mente que todo problema já vem com a solução. E que toda dificuldade tem um propósito, tem um lado positivo que, se você souber aproveitar, vai levá-lo mais rápido ao sucesso.

6. Não ter medo de fazer as coisas que o assustam

Qualquer coisa que você possa fazer ou sonhar, você pode começar.
A coragem contém, em si mesma, o poder, o gênio e a magia.
GOETHE

A ação cura o medo. Faça o que você tem medo de fazer e este desaparecerá. Não deixe que o medo o paralise. Faça o que tem de ser feito, apesar do medo. O medo do dentista não deve impedi-lo de tratar seus dentes.

Uma das grandes verdades da vida é que sempre que fazemos alguma coisa que nos mete medo, a gente cresce. Em contrapartida, sempre que evitamos as coisas que nos dão medo, optamos por estagnar, por não evoluir, por não avançar rumo ao sucesso.

O medo é uma reação natural a tudo o que é novo. Se você está enfrentando algo pela primeira vez, é lógico que não vai ficar confortável e vai sentir medo.

Dirigir um carro é uma das coisas mais incríveis que aprendemos e, no entanto, uma das que mais nos dá medo no início. Você tem de pôr um pé em um pedal, outro no outro, a mão no volante, outra na marcha, tem de olhar para a frente, para os lados, para trás, para o semáforo, para as placas, para os sinais, ter cuidado com os pedestres e com os outros carros. No início tudo isso é muito complicado e nos causa muito medo.

Contudo você enfrentou o medo de dirigir. E hoje, como isso lhe parece? Você entra no carro e, automaticamente, faz tudo o que é necessário e sai dirigindo. E ainda dá para ouvir uma música no rádio, mudar de estação, conversar com um amigo no banco do passageiro e apreciar a paisagem.

Você cresceu como motorista porque enfrentou o medo inicial de dirigir.

Se quiser ter sucesso, se quiser realmente ser rico, então terá de enfrentar seus medos.

Não esqueça que a vida é feita de escolhas: sempre vão surgir dois caminhos e você terá de decidir qual deles irá trilhar.

Um deles é o caminho que você já conhece, por onde já passou e que, caso opte por ele, se sentirá mais seguro. Porém você irá perceber que ele o trará novamente ao mesmo ponto em que está agora, ou seja, você não avançará na busca por sua meta.

O outro caminho é novo e você não sabe aonde vai levar, nem o que encontrará se optar por ele. Causa certo desconforto, medo, mas convida você a enfrentá-lo. Se você decidir por esse caminho, vai descobrir que avançou bastante e que chegou a um ponto que jamais teria alcançado se não houvesse enfrentado seus medos.

Infelizmente muita gente fracassa por medo de enfrentar o novo, preferindo se manter na estrada que já conhece e que lhe parece ser mais segura a se aventurar no desconhecido.

Para enfrentar as coisas que lhe causam medo, basta você entender que o medo é um sinal positivo que a vida lhe dá. Significa oportunidade de crescimento à frente. Enfrentar seus medos o colocará ainda mais perto de alcançar a prosperidade que você busca.

7. Acreditar que você é capaz de fazer muito mais

Faz o máximo de ti, porque isso é tudo quanto há de ti.
RALPH WALDO EMERSON

Todo vencedor sempre dá um passo a mais do que é esperado dele. E mesmo assim costuma acreditar que poderia ter feito ainda mais.

Não conheço ninguém bem-sucedido que diz ter feito tudo o que poderia, ou deveria, em sua vida. Os bem-sucedidos costumam dizer que poderiam ter feito um pouquinho mais.

Isso é assumir a responsabilidade por sua vida, tanto das coisas boas quanto das ruins. Essa é uma característica própria das pessoas prósperas.

Quer ser rico? Quer ter sucesso? Então sempre tenha em sua mente a seguinte idéia: sempre posso fazer mais do que faço, sempre posso ajudar mais do que ajudo, sempre posso contribuir mais do que contribuo, sempre posso ser melhor do que sou.

Busque fazer o máximo possível. Jamais se limite ao mínimo necessário ou ao suficiente. Vá além dos seus limites. Dê aquele passo a mais que fará toda a diferença entre o que você é hoje e o que quer se tornar.

O mundo não vai mudar para que você se torne rico. O mundo é o que é e o que sempre foi. É você quem tem de melhorar para que as coisas melhorem em sua vida. Para que as coisas mudem para você, é você quem tem de mudar.

Assumir a responsabilidade por seus erros é uma forma de você fazer mais do que normalmente faz. Uma pessoa bem-sucedida vive confortavelmente com os erros que comete, enquanto o fracassado faz questão de não se arriscar a cometer nenhum erro.

Só que quanto maior for a responsabilidade assumida, maior será seu cheque. Quanto maior for a responsabilidade que você chama para si, maior será sua conta bancária.

Quando você assume a responsabilidade por sua vida, significa que está respondendo tanto por seus sucessos quanto por seus fracassos. Porém fique tranqüilo. Se você olhar para um campeão, verá que a vida dele tem muito mais acertos do que erros. E os sucessos normalmente ofuscam qualquer eventual fracasso.

Portanto não se deixe inibir pelo medo do fracasso nem se limite a fazer apenas o suficiente. Ouse mais, arrisque mais, fracasse mais — e aprenda com eles —, acerte mais, tenha mais sucesso, torne-se mais rico.

Um estilo de vida

O estilo é apenas a ordem e o movimento que colocamos nos nossos pensamentos.
George Buffon

Como se mede o sucesso que alguém alcançou? Existem diversas maneiras. E todas se complementam.

Entretanto quero lhe falar agora apenas de uma delas: o sucesso financeiro.

Parece uma idéia muito limitada para você? Garanto que não é. Veja o porquê. Quando uma pessoa tem muito dinheiro, ela pode se dedicar a todas as outras coisas em que acredita. Pode fazer caridade, pode desenvolver seu potencial artístico, pode escrever um livro, pode se dedicar à busca espiritual, pode desenvolver seu lado profissional, e assim por diante.

Costumo fazer a seguinte pergunta às pessoas que me contestam nesse ponto: Como um pai pode ser amoroso com os filhos quando sabe que logo serão despejados por falta de pagamento do aluguel? Difícil, não?

O não ter dinheiro pode influenciar negativamente em vários outros aspectos de sua vida, concorda? Do mesmo modo, ter dinheiro pode facilitar várias outras situações em sua vida.

Deixe-me lembrá-lo de algumas coisinhas que o dinheiro pode lhe proporcionar:

- Viver apenas com os juros do dinheiro aplicado;
- Ter quantos filhos quiser, estudando nos melhores colégios;
- Poder viajar todo ano, de primeira classe ou com avião particular, para o exterior;

- Ter à sua disposição os melhores médicos para sua família e os melhores professores para seus filhos;
- Hospedar-se sempre na melhor suíte dos melhores hotéis;
- Ter carros incríveis em sua garagem, como Ferrari, Lamborghini, Rolls Royce ou qualquer outro que desejar;
- Presentear sua mulher com aquilo que ela sonhava quando era criança;
- Ter um pequeno iate particular de, no mínimo, 24 metros;
- Poder ajudar um amigo em apuros ou um familiar que precisa de cuidados médicos caríssimos e urgentes;
- Ter quantas casas quiser, na cidade, no campo e na praia;
- Poder optar por comer em um boteco de esquina, por puro prazer, quando pode pagar pelos melhores restaurantes;
- Comprar todas as roupas que lhe agradam sem se preocupar com o orçamento doméstico;
- Ter relógios caros e magníficos;
- Ter suas contas pessoais pagas por sua secretária, sem que você nem mesmo precise tomar conhecimento delas;
- Poder ajudar o próximo e participar de projetos filantrópicos;
- Poder optar por dirigir um carro popular quando tem condições de possuir uma Ferrari;
- Ter a humildade de viver de modo simples e honrado, tendo em mente sempre que, mesmo com todas as nossas conquistas, conseguimos manter nossa integridade e nossos valores pessoais;
- E, acima de tudo, poder deitar a cabeça no travesseiro, ao lado de seu cônjuge, com a tranqüilidade que se adquire quando se tem

a missão cumprida e a felicidade de saber que você pode proporcionar à sua família tudo o que lhe é realmente importante.

Como diz um amigo meu: "O melhor é você ter tanto dinheiro que nunca mais precise fazer nada do que não gosta, somente pelo dinheiro, e nunca mais deixe de fazer as coisas de que gosta, por falta de dinheiro".

Isso para mim é ser bem-sucedido, é ter sucesso, é ter um estilo de vida atrelado a uma missão em que acredito.

O sucesso é uma viagem sem fim

O sucesso é uma viagem, não um ponto de destino.

Ben Sweetland

O sucesso é algo que você busca a vida toda, mas ao mesmo tempo o tem durante toda a sua vida.

Não existe um ponto de chegada. Apenas um ponto de partida. Quando você põe o pé na estrada em busca dos seus objetivos, seu sucesso passa a ser a própria jornada.

Se você tem como meta tornar-se rico, você já se tornou rico quando entendeu a importância de sempre estar em busca da sua meta. O dinheiro pode ainda não estar em sua conta bancária, mas se você já entendeu que pode ter todo o dinheiro que quiser, e está batalhando por isso do modo certo, é apenas uma questão de tempo para que os números surjam em sua conta no banco.

E assim será com todas as outras metas e os objetivos que você traçar para sua vida, desde que você trabalhe com vontade e prazer para alcançá-los.

As pessoas que nunca chegaram ao sucesso não entendem o porquê de um milionário continuar trabalhando quando já conseguiu muito dinheiro. Não percebem que ele trabalha porque sente um prazer imenso nisso.

Entretanto, apesar de estar consciente de todo o trabalho que é necessário para se tornar um milionário, ainda sou categórico quando afirmo que o sucesso depende puramente da sorte. Mas antes, todavia, devo explicar minha definição para o termo "sorte": preparo e oportunidade. Para mim, a sorte nada mais é que o encontro do preparo com a oportunidade.

Tem muita gente que acha que sou um cara de sorte. A verdade, porém, é que sempre procuro estar preparado nas horas em que as oportunidades surgem em minha vida.

Você precisa estar preparado para aproveitar as oportunidades que lhe surgem. Por exemplo, você sabe inglês, espanhol, entende de computação, entende disso, entende daquilo?

Existem pessoas que não entendem de nada. Quando as oportunidades passam na frente delas, simplesmente não sabem o que fazer.

Se a prosperidade passar na sua frente, você tem de estar preparado para apanhá-la. Se as oportunidades baterem à sua porta, você terá de estar preparado para recebê-las de modo adequado. Caso contrário elas irão embora e não voltarão mais.

Ouvi dizer uma vez que um fracassado é aquele cara que, quando a oportunidade bate à sua porta, reclama do barulho. Isso é o que chamo de estar totalmente despreparado para o sucesso.

Você costuma ler jornal, revista, se informar? Você estuda? Você está se preparando para ser bem-sucedido? Se uma oportunidade bater à sua porta hoje, oferecendo-lhe participação em um negócio milionário, você estará preparado para aproveitar essa chance?

Se não estiver preparado, a oportunidade seguirá em frente e não lhe dará uma segunda chance. Se você não estiver pronto, a oportunidade vai bater na porta de outro. E só vai lhe restar reclamar de sua falta de sorte.

Lembro-me de um amigo que recebeu um convite para participar de um empreendimento novo e resolveu ver do que se tratava. Quando chegou ao local, descobriu que os responsáveis pela entrevista só falavam inglês. E ele não sabia dizer nem mesmo bom-dia nesse idioma.

Conclusão: procuraram outra pessoa com os requisitos necessários. E, algum tempo depois, meu amigo descobriu que tinha perdido a melhor oportunidade da vida dele por não estar preparado para a oportunidade que se lhe apresentou.

Por isso, prepare-se. Esteja pronto para quando a oportunidade bater à sua porta.

O sucesso é uma viagem sem fim. Uma busca que nunca termina, pois nunca se pára no desenvolvimento pessoal.

E então, isso interessa a você?

Se interessa, procure motivadores para seu sucesso, preste atenção às oportunidades e esteja preparado para quando uma oportunidade chegar até você.

O que você está esperando? Coloque o pé na estrada e assuma a responsabilidade sobre sua vida para tornar-se próspero e bem-sucedido em todos os aspectos da sua existência.

Desejo-lhe boa sorte!

Contatos com o autor
E-mail: pedrogordalina@hotmail.com

Este livro foi impresso pela Prol Gráfica
em papel *offset* 90g.